gleam BOOKS

使い捨て外国人

人権なき移民国家、日本

指宿昭一

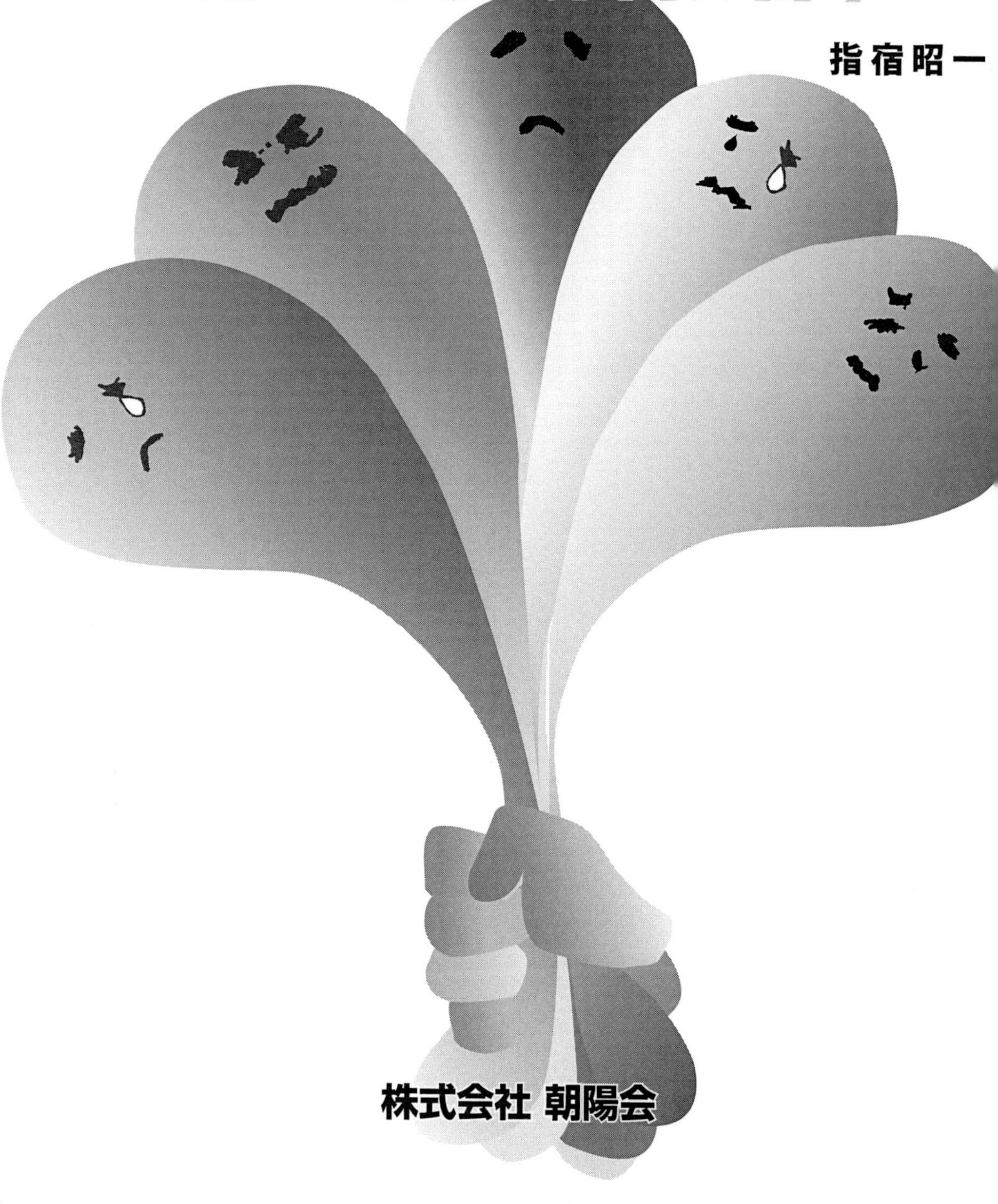

株式会社 朝陽会

はしがき

二〇一八年一二月八日未明、入管法及び法務省設置法が改定され、二〇一九年四月から施行されている。審議の過程で外国人労働者問題が国会の主要テーマになり、国会での議論や技能実習制度の問題が連日報道された。「パンドラの箱」が開き、外国人労働者の受け入れについて様々な立場や観点からの賛否の意見が噴出した。課題の多い改定ではあるが、外国人労働者の問題が日本の将来に関わる問題として正面から議論されるようになったことは良いことである。

私は「外国人労働者の人権、権利が守られる制度にしなければいけない」という問題意識でこれまで活動してきた。しかし、問題は「法律」や「制度」だけではない。なぜなら、外国人労働者や実習生に対する人権侵害が多く起こっている中で、日本の社会、特に企業社会がそれを容認してしまっている状況があるからだ。

人権侵害が起こるのは、多くの場合、中小零細企業である。そして、そのサプライチェーンをたどっていくと大企業に行きあたる。しかし、取引先で何が起きても、その大企業が直接雇っているわけではないから、大企業は「いや、うちには法的責任がない」といい逃れ、消費者は何も知らずにその大企業から商品を買う。支払能力のない中小零細企業が責任を取れなければ、被害者は救済されない。そんな暗闇の中にあった外国人労働者の人権に、ようやく光があたり始めたところである。

本書は三部構成だ。冒頭の「講演録」は、二〇一九年四月のフォーラムで行った講演を抄録したものである。外国人労働者問題のポイントと、新しい入管法の概要・問題点を語っている。

第1章では、彼らが日本人であったなら、必ずや「人権問題」としてクローズアップされるに違いないほど悲惨な労働現場の数々と、私たちがいかに闘ったかを記した。常態化した暴力的なパワハラ、セクハラ。「技能実習生」という名のもとで最低賃金どころではない低賃金で強制的に働かされる。これらから外国人が逃れるのは容易ではない。本章後半では外国人労働者をめぐる制度をどう改善すべきか、権利救済のために私たちは何ができるのかについても踏み込んだ提案をした。

第2章は、日本に暮らす外国人が、ある日突然入管に収容されたり、家族と引き離されて強制送還されたりする現状についての報告だ。日本人と結婚した外国人や、日本で生まれ育った子どもが、退去強制を争った例もある。在留管理だけを優先した結果、外国人の人権が顧みられていない現状はあまり知られていない。現状の制度のまま、増え続けていく外国人を受け入れていけるのか。考え、議論していく土台になるだろう。

なお、第1章と第2章は、時の法令の連載「現場報告：入管と人権」（二〇一七年五月〜二〇一八年三月）と「現場報告：外国人労働者と人権」（二〇一八年四月〜二〇一九年二月）に加筆・修正したものである。連載から時間を経てもなお、問題解決への道は遠く、こうした事例は後を絶たない。

本書が外国人だけでなく、あらゆる人権侵害を防止していく一つの力になることを強く願う。

二〇二〇年二月

指宿　昭一

目次

第2章　入管政策と人権

講演録

外国人労働者受け入れ制度を検証する

（二〇一九年四月二三日　公益社団法人東京自治研究センター主催の第二七二回月例フォーラム）

◆外国人労働者一〇〇万人超時代から一五〇万人時代へ

日本にいる外国人住民は、二〇一八年末で二七三万人という数字が最近発表されました（法務省入国管理局「平成三〇年末現在における在留外国人数について」）。二〇一七年末が二五六万人なので、一七万人ほど増えています。

外国人労働者数は、もっとすごい勢いで増えています。二〇一八年一〇月末では、一四六万人となっています。二〇一六年一〇月末の時には約一〇八万人で、この時には「外国人労働者一〇〇万人時代」という報道もされましたが、わずか二年で一五〇万人に迫っている増え方です。ここのところ年間約二〇万人のペースで増えていることになります（**図表1**参照）。

国別でみていくと、中国の方が一番多くて、ベトナム、フィリピンと続いています。対前年比増加率は、ベトナムが三一・九％、インドネシアも二一・七％で、すごい勢いで増えています（**図表2・図表3**参照）。

日本にいる外国人がどういう在留資格で日本にいるのか、ご存じでしょうか。日本人は、日本人であるだけで日本に居住し、働くこともできますが、外国人の場合は在留資格がなければいること自体ができません。在留資格によっては、働くことができないケースもあります。

在留資格は、「身分に基づく在留資格」と「活動に基づく在留資格」とに大きく分けられます。「身分に基づく」というのは、例えば日

図表1　外国人労働者数の推移

	人　数	増加数（人）	増加率
2018年10月末現在	1,460,463	181,793	14.2%
2017年10月末現在	1,278,670	194,901	18.0%
2016年10月末現在	1,083,769	175,873	19.4%

（出典）厚生労働省：「外国人雇用状況」の届出状況まとめ（平成30年10月末現在）より作成

図表2　国籍別外国人労働者数（2018年10月末現在）

国　籍	人　数	比　率	前年同期比増加率
中国（香港等を含む）	389,117	26.6%	4.5%
ベトナム	316,840	21.7%	31.9%
フィリピン	164,006	11.2%	11.7%
ブラジル	127,392	8.7%	8.6%
ネパール	81,562	5.6%	18.0%
その他	381,546	26.1%	14.6%
合　計	1,460,463	100.0%	14.2%

（出典）厚生労働省：「外国人雇用状況」の届出状況まとめ（平成30年10月末現在）より作成

図表3　外国人労働者数の増加率が高い上位３か国

国　籍	2018年10月末人数	2017年10月末人数	増加数（人）	増加率
ベトナム	316,840	240,259	76,581	31.9%
インドネシア	41,586	34,159	7,427	21.7%
ネパール	81,562	69,111	12,451	18.0%

（出典）厚生労働省：「外国人雇用状況」の届出状況まとめ（平成30年10月末現在）より作成

本人の配偶者であったり、永住資格を取ればそれが一つの身分となるものです。身分に基づく在留資格は、働いてもいいし働かなくてもいいという比較的自由度の高い在留資格です。一方、活動別の在留資格というのはかなり窮屈なものです。

活動に基づく在留資格の場合は、何らかの仕事の内容ごとに在留資格を取って日本に来ていますが、実は外国人労働者にはそういう資格を取った人が多いのではなく、身分に基づく在留資格で働いている人が一番多いのです（以下**図表４**参照）。

本来、日本が労働者としての受け入れを予定しているのは「専門的・技術的分野の在留資格」です。これは、例えばエンジニア、大卒で経済学の知識がある、法律学の知識がある、あるいは通訳や翻訳をする人などが「専門的・技術的分野の在留資格」を取って来ているのですが、実はこれは人数でみれば四番目です。つまり、本来の外国人労働者受け入れ

図表４　外国人労働者、在留資格別の状況（2018年10月末現在）

在留資格	2018年10月末人数	全体に占める割合	2017年10月末人数	増加数（人）	増加率
身分に基づく在留資格	495, 668	33. 9%	459, 132	36, 536	8. 0%
技能実習	308, 489	21. 1%	257, 788	50, 701	19. 7%
留学（資格外活動）	298, 461	20. 4%	259, 604	38, 857	15. 0%
参考：資格外活動全体	343, 791	23. 5%	297, 012	46, 779	15. 7%
専門的・技術的分野	276, 770	19. 0%	238, 412	38, 358	16. 1%
特定活動	35, 615	2. 4%	26, 270	9, 345	35. 6%
不　明	130	0. 0%	56	74	132. 1%
合　　計	1, 460, 463	100. 0%	1, 278, 670	181, 793	14. 2%

（出典）厚生労働省：「外国人雇用状況」の届出状況まとめ（平成30年10月末現在）より作成

のための在留資格で入っている人は、わずか一九%しかいません。

二番目の「技能実習」とは何でしょうか。「技能実習」は、確かに日本で雇用契約を結び法律的には労働者として働いていますが、目的は働くことではないことになっています。日本で技術を学び、それを出身国に持ち帰り活用してもらうことを通じて国際貢献をするという建前になっています。この建前は真っ赤な嘘、でたらめだと思います。本来は労働者であって労働者ではないような人が二番に来ています。

三番目は「留学」です。ですから働くことが目的ではないはずなのですね。留学生は勉強する目的で来ている人ですから、原則として仕事はできません。しかし、学費や生活費が足りなくなるので、資格外の活動、つまり留学以外の活動の許可を受ければアルバイトができるということになっています。ほとんどの留学生はこの許可を取っています。仕事は、無制限にできるわけではありません。週に二八時間しか働けません。実は、留学生のかなりの人たちが、勉強目的ではなく出稼ぎ目的で来ています。

こういう形で外国人労働者が入ってきており、ある意味で非常にいびつな状況です。

なお、「増加率」でみると、技能実習がどんどん増えていることが特徴的です。

◆技能実習制度について

一九八九年の入管法改正時に大きな議論がありました。簡単にいうと、外国人労働者をたくさん受け入れるべきなのかどうかという議論です。

結論は、外国人労働者は限定的にしか受け入れない、専門的知識か、専門的技能を持った労働者しか受け入れないということを政府は決めました。在留資格としても、専門的・技術的な一定の能力のある労働者以外の在留資格はつくらないことにしたのです。嫌いな言葉ですが、政府は「単純労働者は受け入れない」という言い方をしています。政府は、現場の肉体労働、工場の労働、建設現場の労働、農業の労働などを単純労働といっているようです。

ところが、実際には九〇年代にも多くの現場で、つまり工場や建設現場で、外国人労働者は働いていました。その労働者は抜け道を通って来ているわけです。例えばオーバーステイの人たち、つまり観光ビザで来て観光ビザが切れても帰らず、そのまま働いていた人たちです。

それから、最初は数が多くありませんでしたが、研修生がいます。当時は、一年目は研修生、二年目、三年目が技能実習という形でしたが、この人たちも国際貢献の名のもとで、実際には、現場で安い賃金で働く労働者としてどんどん入ってくるようになりました。

三番目が日系人です。ブラジルや南米の日系人二世・三世が、定住者という資格で入ってこられるようになったので、たくさん来ました。これは身分に基づく在留資格です。

こういう人たちがどんどん入ってきたというか、日本の社会が欲していたわけですね、必要性があったわけです。

このため、研修生、技能実習生が目的と違う形でたくさん入ってきているのに、入国管理局はそれを止めなかった。一番多い時期には三〇万人のオーバーステイの人が働いていましたが、それを取り締まろうとはしなかったのです。取り締まりが厳しくなったのは二〇〇三年頃からです。その結果、今は七万人ぐらいになりました。

こうした中、技能実習がだんだん注目されるようになりました。技能実習という形で労働者を確保することが、中小零細企業にとって、安くて従順に働き、厳しい仕事でも辞めないで働いてくれる労働者として頼りにされるようになってきたのです。

◆技能実習制度の構造的問題

技能実習制度は、構造的な問題があり、廃止するしかないと思っています。

まずその目的が虚偽です。技能実習制度は技術移転を通じて国際貢献をする制度だといっていますが、本当の目的は安価な労働力の確保です。これは周知の事実だといっていいでしょう。

よく「最初はまともな目的だったのが、だんだん変質したのか」と質問されますが、立法前後の状況をみていくと、最初から国際貢献というのは嘘であったと考えたほうが自然だと思います。技能実習制度は、中小零細企業で使われているし、また中小零細企業の要求に従ってできているのですね。中小零細企業が、経営が苦しい中で積極的に国際貢献をさせてくれと政府にいうでしょうか。そして、積極的に受け入れるでしょうか。もともと労働力が足りなく、また安く辞めずに働いてくれる労働力が欲しくて始めたとしか思えません。

政府がいう単純労働者が現場ではすごく必要でしたが、政府が入れないと宣言したために、どこかで帳尻を合わせるため技能実習制度が「利用」されたわけです。

次に、技能実習生には移動の自由がありません。技能実習制度は、国際貢献で技術を移転するため三年間働いて帰る制度という建前になっているので、同じ職場で働くのが基本なのです。だから、よそに移れない。

制度の建前では、その会社で賃金不払いとかセクハラ、パワハラなど、問題があったときは移ってもいいことになっています。しかし、会社が違法なことをしていることを立証するのが大変だし、立証できたとしても受け入れ先を誰か、例えば入管や労働基準監督署が探してくれるわけではないので、現実には移れません。弁護士や労働組合がついて、移る先を探し何とか移ることはまれにありますが、ほとんどうまくいきません。だから、移動の自由は、建前の上でもないし、事実的にもありません。

三点目の問題は、労働力をマッチングする過程で、中間搾取と人権侵害が行われることです。

まず、多額の渡航前費用が取られます。しかも実費をはるかに超えた額です。現在、ベトナムから技能実習生がたくさん来ていますが、ベトナム人の場合大体一〇〇万円ぐらい取られています。ベトナムでの年収の約四年分にもなります。当然、借金をして来ます。

日本語を勉強するお金、在留資格取得手続の費用、飛行機のチケット代などが必要ですが、せいぜい二〇万円くらいではないでしょうか。あとは、送り出し機関の利益になるわけです。このお金は日本の受け入れ機関にバックされることもあります。

これは中間搾取です。国内の労働市場ではそのようなことはできません。他人の労働契約に介入することで利益を受けることは、中間搾取として労働基準法で厳しく禁止されています。罰則もあります。ところが、国を越えてくる場合に日本の労働基準法は相手国には及ばないので、そういうことができてしまうわけです。

さらに、保証金が取られます。違約金の契約もさせられます。それに保証人がつきます。この保証金や違約金というのは、人権侵害を内容とする契約になっています。例えば権利を主張してはいけない、弁護士と相談してはいけない、労働組合に加入してはいけない、マスコミに情報を流してはいけない、このような内容がよくついています。恋愛禁止、妊娠したら即帰国という決まりがついている場合もあります。携帯電話所持禁止というのもあります。

この保証金とか違約金は、ずっと問題視されてきたので、二〇〇九年の入管法改正時に、さすがに禁止になっています。実習生受け入れのための二国間覚書でも禁止されています。しかし、実際には全然なくなっていませんし、今でも行われています。

実習生が国内に来たとき、各企業にいきなり行くわけではありません。一度監理団体というところに行きます。送り出し機関と契約を結んだ監理団体が窓口になるわけです。中小企業が事業協同組合をつくり監理団体を担っているケースが多いです。

監理団体が最初の一～二か月研修を行い、その後各企業や農家に配属され、そこで働くという形になっていますが、この監理団体が三年間を通じてお金を取るのです。大体月に一人あたり三万円から五万円くらい取っています。もし一〇〇人受け入れていれば三〇〇万円から五〇〇万、一〇〇〇人ならば三〇〇〇万円から五〇〇〇万円です。かなりのお金が動くわけです。

このように、送り出し国でも日本でも実質的に中間搾取をされています。そのため、実習生の賃金はとても低くなるし、また受け入れ企業にも結構な負担になります。

監理団体の仕事は、違法なことをしてはいけないと指導したり、各企業を管理することとなっています。また、援助もすることになっています。例えばトラブル発生時に、通訳と一緒に来て、そういうトラブルを起こさないように指導するというのが建前です。しかし実際は、例えば実習生が弁護士に相談したという情報を聞いたら、その監理団体が来て、強制的に帰国させる手はずを整えるなどの悪質な監理団体がたくさんあります。

◆政府の非熟練外国人労働者受け入れ方針

技能実習制度には大きな構造的な問題があり、国際的にも強い批判にさらされてきました。国連も、何回か特別報告者が日本に調査に来て、特別報告者のコメントという形で何度も批判しています。アメリカ国務省の人身取引報告書でも、日本の技能実習制度は人身取引的な制度であると、毎年のように批判をされてきました。

こうした中で、外国人労働者受け入れ方針についての議論が始まってきたわけです。

二〇一六年の五月二四日、自民党政務調査会労働力確保に関する特命委員会が「『共生の時代』に向けた外国人労働者受け入れの基本的考え方」という方針を出します。ここでは、自民党として新たな外国人労働者の受け入れ制度をつくるということが打ち出されています。技能実習とか留学生という形で労働力を確保することは無理があり、正面から受け入れるべきだと、ある意味で真っ当な方向性を出していました。

ただ、その後あまり議論が行われないまま、これにもとづいて政府が動くということはずっとありませんでした。二〇一七年の三月に政府の働き方改革実現会議の中で、これからは外国人労働者の受け入れについても検討しようということがやっと打ち出されたという状態でした。

それが、急遽《きゆうきよ》二〇一八年六月一五日に、いわゆる骨太の方針で、外国人労働者の受け入れを本格的にやる、新しい制度をつくることが打ち出されたわけです。

私は、今までの受け入れのあり方があまりにもひどく、それを適正化する必要があると思います。また、自民党が二〇一六年に打ち出した方向は、外国人労働者の人権保障について懸念はあるにせよ、方向性は間違っていないと思っています。二〇一八年六月に打ち出された基本方針も方向性としてそれほど誤っているとは思いませんでした。つまり、外国人労働者について、バックドアやサイドドアからの受け入れではなく、正面から受け入れていくということ自体は、大きな方向性としては間違っていないと思っています。

しかし、あまりにも拙速でした。六月に方針を打ち出し、年末の臨時国会で入管法改定を決め、翌年、つまり二〇一九年四月一日から施行するというスケジュールは、あり得ません。議論する時間も、制度をきちんとつくる時間もないわけです。ある意味で、そのことがわかっていて打ち出したといえます。

したがって、大きな方向性は必ずしも間違っていないにしても、骨太の方針で打ち出したスケジュールも含めた方針は大きな誤りを持っていたと思います。

二〇一八年一一月に、日弁連が新たな「外国人材の受け入れ」制度の創設に対して速やかに批判を出しましたが、改定入管法は二〇一八年一二月八日に成立したわけです。

◆在留資格 ― 特定技能一号・二号について

この入管法の改定について、法務省入国管理局レジュメ「新たな外国人材の受入れについて」（二〇一九年二月八日）にまとめられていますので、これに沿って少し説明します。

「外国人材の受け入れ体制」には、大きくいうと、今まで観光客などの短期滞在者、留学生、日本人の配偶者、就労資格外国人、技能実習生があり、新たに特定技能外国人を設けるということです（**図表5参照**）。

「在留資格について」では、特定技能一号、特定技能二号という在留資格をつくったことが示されています（**図表6参照**）。

特定技能一号は、特定産業分野に属する相当程度の知識または経験を必要とする技能を要する業務に従事する外国人向けの在留資格で、いわゆる政府がいっていた単純労働者よりは少々知識や経験があるというつくりになっています。特定技能二号は、特定産業分野に属する熟練した技能を要する業務に従事する外国人向けの在留資格です。これをイメージ図にしたものが図表6の右下です。左の柱には「専門的・技術的分野」があります。その下には「非専門的・非技術的分野」というものがあり、これが今まで政府がいっていた単純労働です。

今まで、単純労働の枠の中で、唯一、技能実習生を受け入れていました。一方「専門的・技術的分野」の中に「従来の在留資格」があります。これは高度専門職というエリート的な人を優遇して入れるというものや、教授、技術・人文知識・国際業務、介護、技能などの仕事をするための資格です。技能というのは、例えばインドカレーのコックなどがそれにあたります。

新たに創設された特定技能一号は、今までなかった単純労働と従来の在留資格の中間ぐらいに位置づ

図表５　外国人材の受け入れ体制

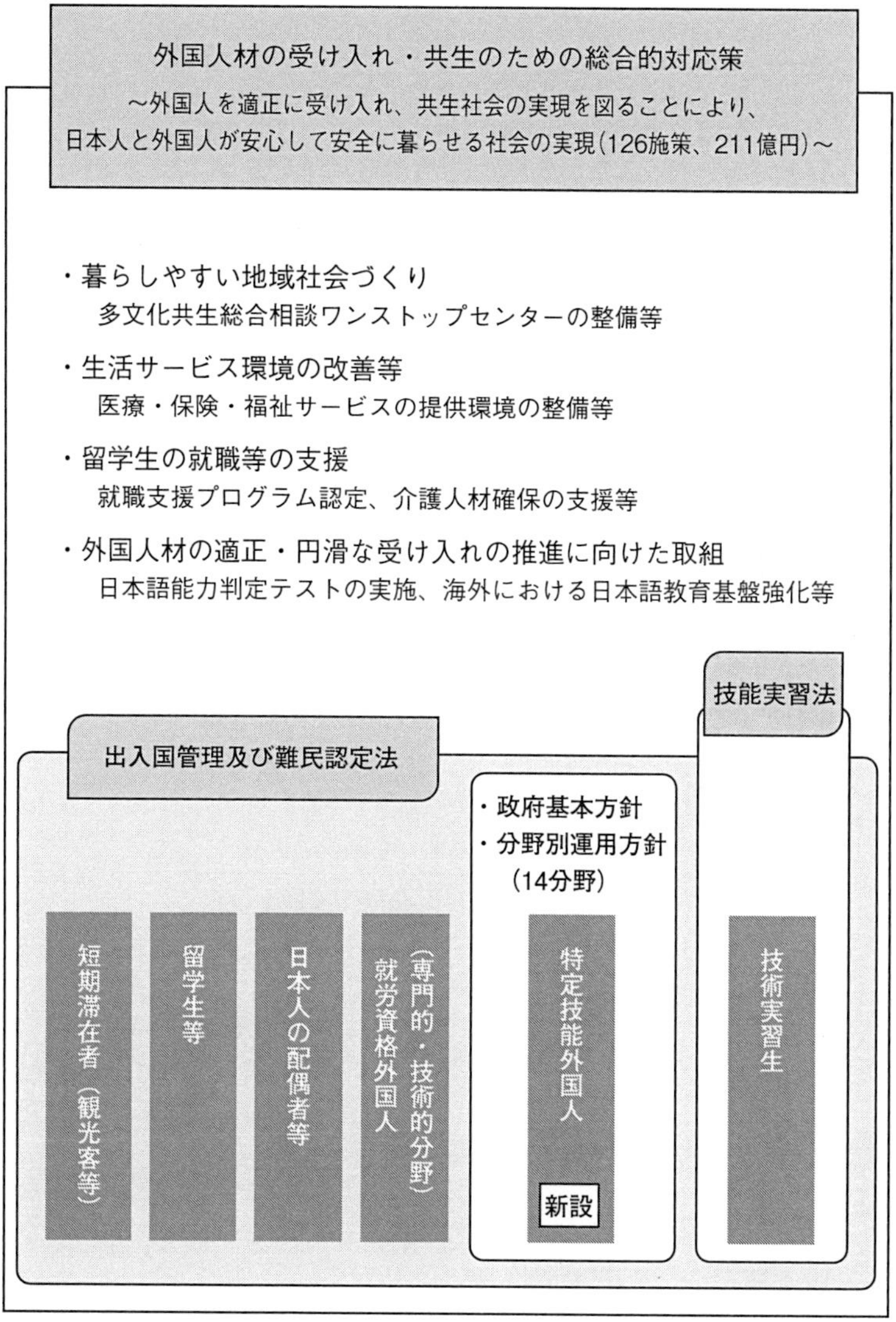

（出典）法務省入国管理局「新たな外国人材の受入れについて」（平成31年３月）
　　　　をもとに作成

図表６　制度概要①　在留資格について

○特定技能１号：特定産業分野に属する相当程度の知識または経験を必要とする技能を要する業務に従事する外国人向けの在留資格

○特定技能２号：特定産業分野に属する熟練した技能を要する業務に従事する外国人向けの在留資格

特定産業分野（14分野）

介護、ビルクリーニング、素形材産業、産業機械製造業、電気・電子情報関連産業、建設、造船・舶用工業、自動車整備、航空、宿泊、農業、漁業、飲食料品製造業、外食業

（特定技能２号は下線部の２分野のみ受け入れ可）

特定技能１号のポイント

○在留期間：１年、６か月又は４か月ごとの更新、通算で上限５年まで
○技能水準：試験等で確認（技能実習２号を修了した外国人は試験等免除）
○日本語能力水準：生活や業務に必要な日本語能力を試験等で確認（技能実習２号を修了した外国人は試験等免除）
○家族の帯同：基本的に認めない
○受け入れ機関又は登録支援機関による支援の対象

特定技能２号のポイント

○在留期間：３年、１年又は６か月ごとの更新
○技能水準：試験等で確認
○日本語能力水準：試験等での確認は不要
○家族の帯同：要件を満たせば可能（配偶者、子）
○受け入れ機関または登録支援機関による支援の対象外

【就労が認められる在留資格の技能水準】

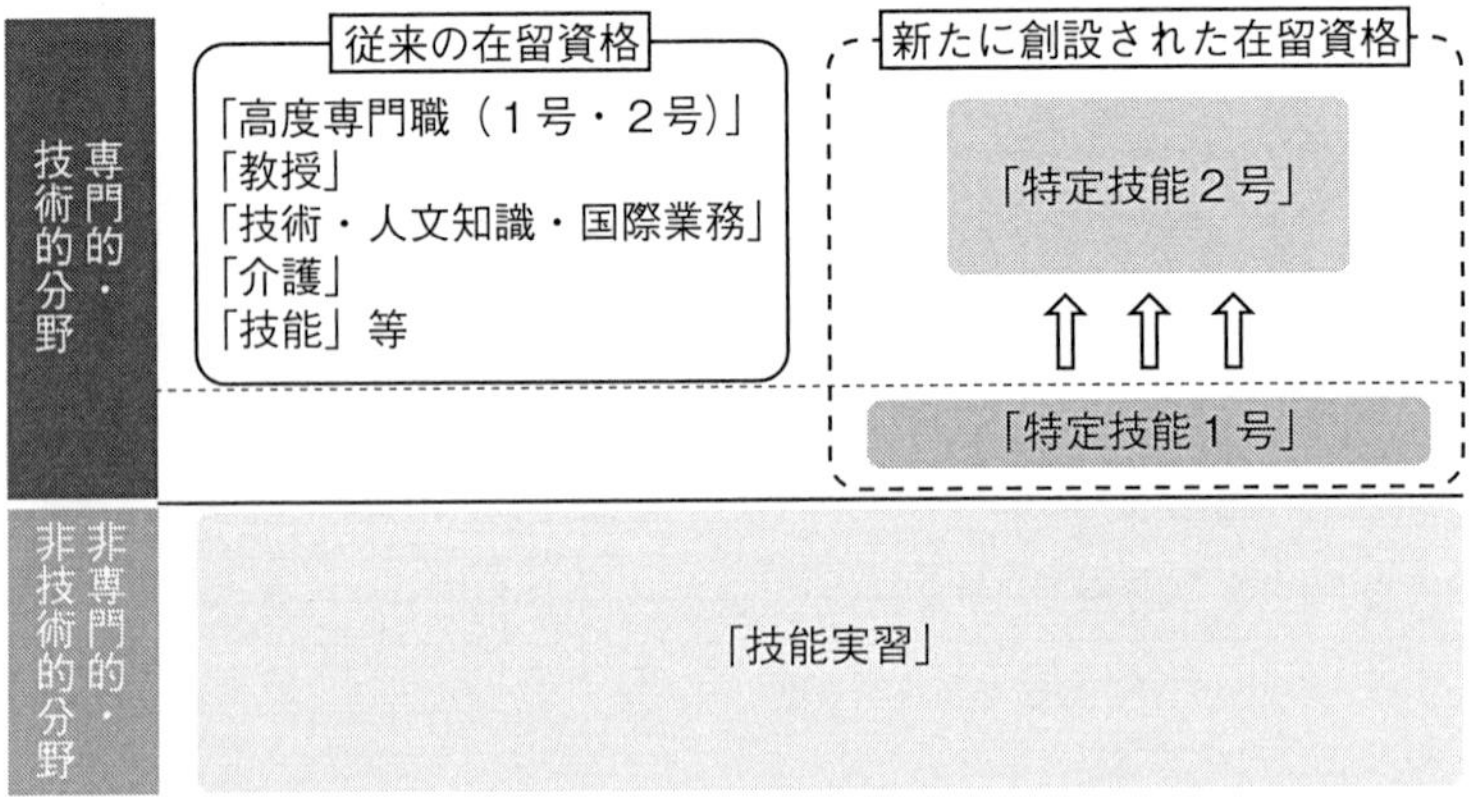

（出典）法務省入国管理局「新たな外国人材の受入れについて」（平成31年３月）をもとに作成

け、特定技能二号はそれより上というイメージで政府は説明しています。

私は、特定技能一号も二号も、従来の在留資格よりもう少し下のところに位置づくのではないかと思います。また、特定技能一号が専門的・技術的分野であるというのは、無理があるのではないかと思います。

ただ、政府としては、今まで単純労働者を入れないといい続けてきた面子《メンツ》があるので、今度の制度も今までの枠組みどおりであり、単純労働者を入れるわけではなく、あくまでも専門的・技術的分野の一環であると説明したかったのだと思います。

では、まず特定技能一号の制度について説明していきます。

図表6をみてください。特定技能一号には、在留期間が一年、六か月、四か月の三つがあり、更新されていくとなっています。問題は、通算で上限五年までとなっていて、五年までしかいられないことです。

「通算」というのは、行ったり来たりする人もいるという考えです。例えば長野県のレタス農家では、今でも技能実習で、六か月で帰る人がたくさんいます。四月に来て一〇月に帰る。技能実習だと、六か月来て働いて帰ると、二度目は技能実習では来られません。これでは使いにくく農家も困っているので、おそらくこうしたことに対応するために行ったり来たりでもいいとなったのではないでしょうか。

しかし、特定技能一号の在留期間は通算で五年が上限です。必ず帰らなければいけない。ここが使い捨てと批判されるゆえんです。

特定技能一号の技能水準は、試験で確認することになっています。ただし、例外措置があり、技能実習二号を修了した外国人は試験免除です。技能実習一年目を技能実習一号といいます。二年目と三年目が二号です。つまり、三年の技能実習を終えた人は無試験になるのです。

日本語の能力水準は「生活や業務に必要な日本語能力を試験等で確認」となっていますが、技能実習二号を修了した外国人は試験免除です。

ここには大きなまやかしがあると思います。まず、技能実習が国際貢献のために技術・技能を学ぶということが嘘です。一部の例外はありますが、全体的には行われていません。日本語の能力についても、ほとんどの人は仕事尽くめで、残念ながら高まっていない。しかし、技能実習を三年間やった人は試験免除なのです。技能実習三年を終えた人が働き続けるための制度として、今回の制度ができたという面もあるのです。

大きな問題は、家族の帯同を基本的に認めないということです。技能実習も家族の帯同は認められておらず、三年たてば必ず帰らなければなりません。プラス二年という例外もありますが、それでも五年間で帰らなければならない。特定技能一号の制度と技能実習の制度は非常に似ています。

技能実習の場合は、監理団体が受け入れ窓口になり、また各受け入れ企業を支援し、違法行為が行われないように管理するという建前になっていました。その監理団体に相当するものが今回の改定で規定された登録支援機関です。中小零細企業の場合、自らが外国人の支援などを行うことが難しいので、政府に登録した支援機関に委託してもよいことになっています。その支援機関のことを登録支援機関と呼んでいるわけです。

以上がこの特定技能一号の基本的な制度の枠組みです。

特定技能二号は、一号とはだいぶ様相が違います。在留資格は三年、一年、六か月ごとの更新ですが、その後に上限年数が書いていません。何度でも更新できるわけです。何度も更新すると永住の資格が取れる可能性があります。

普通日本で一〇年間働き続けると、永住の資格が取れるチャンスがあります。そして、そのうち五年間は、留学などではなく、就労のための在留資格でなければならない。ところが、技能実習や特定技能一号は、その就労資格の五年にはカウントしないというように政府はいっています。とすると、技能実習を五年間やり、特定技能一号を五年間やっても永住資格は取れないことになります。ただし、その後、特定技能二号に移行して五年間やれば、永住資格が取れる可能性があることになります。

特定技能二号の技能水準は「試験で確認」です。日本語能力は「試験等での確認は不要」です。家族（配偶者、子）の帯同は、要件を満たせば可能です。

特定技能二号は、受け入れ機関や登録支援機関による支援の対象外となります。自立して日本で生活できる能力を身につけていることが前提になっているのです。だから、図表6下部の「従来の在留資格」と書いてあるものに大分近くなってきているといえます。

おおむね一号から二号に進んでいくというのがイメージされていますが、いきなり二号になるということもあります。逆にいえば、一号から二号に必ずなれるとは限りません。一号から二号にほぼ確実になれるとすれば、今度の制度はそれほど悪い制度ではないと思うのですが、残念ながらそうはなっていません。

まず一号は、図表6の上部にあるように、特定産業分野・一四分野で受け入れることになっています。しかし二号は、建設と造船・舶用工業の二分野のみでの受け入れです。つまり、例えば、農業や介護で特定技能一号で来た人は、通算五年働いたら必ず帰らなければいけない。二号に進もうと思っても進めないわけです。

一四分野の受け入れは、基本的に二〇一九年四月から始まっていますが、建設、造船は二〇二一年四月からです。スムーズにいくと一号で建設をやった人が二年後に二号になれる可能性はあるかもしれません。

この図をみて、一号を五年やらないと二号に移行できないと捉える方もいますが、私は法務省に確認しましたけれど、そうした縛りはないということです。能力が身につけば二号に移れるということです。例えば、建設の場合、班長クラスの仕事を一定期間六か月か一年行い、試験に受かれば二号に移れるということが考えられている建てつけのようです。

◆受け入れ機関と登録支援機関

図表7をご覧ください。外国人労働者が日本に来るために、受け入れ機関と雇用契約を結びます。そして、受け入れ機関は外国人を支援しなければなりません。出入国在留管理庁は、受け入れ機関に対して立入検査や改善命令を行い、指導・助言をし、受け入れ機関はいろいろ届出を行うとなっています。

これが原則ですが、受け入れ機関が中小零細企業の場合は、自らが外国人支援をやり切れないので、この支援を登録支援機関に委託することができます。登録支援機関は出入国在留管理庁に届出をし、出入国在留管理庁は登録をする。何か違法なことをすると登録の抹消ができる、指導・助言もできる。そして、この登録支援機関が外国人を支援する。こういう格好になっているわけです。

図の「1　受け入れ機関が外国人を受け入れるための基準」には、外国人と結ぶ雇用契約が適切（例：報酬額が日本人と同等以上）であることが挙げられています。これが守られればいいのですが、何をもって同等以上というのか、どの日本人と比較をするのか、など大事なことが明確ではありません。

技能実習でも日本人と同等以上の賃金というルールになっています。しかし、現実は、ほとんどのケースで良くて最低賃金です。実習生と受け入れ機関の契約上の賃金の平均値などが公表されています

図表７　制度概要②　受け入れ機関と登録支援機関について

受け入れ機関について

1　受け入れ機関が外国人を受け入れるための基準
　① 外国人と結ぶ雇用契約が適切（例：報酬額が日本人と同等以上）
　② 機関自体が適切（例：５年以内に出入国・労働法令違反がない）
　③ 外国人を支援する体制あり（例：外国人が理解できる言語で支援できる）
　④ 外国人を支援する計画が適切（例：生活オリエンテーション等を含む）

2　受け入れ機関の義務
　① 外国人と結んだ雇用契約を確実に履行（例：報酬を適切に支払う）
　② 外国人への支援を適切に実施
　　→ 支援については、登録支援機関に委託も可
　　　全部委託すれば１③も満たす。
　③ 出入国在留管理庁への各種届出
　（注）①～③を怠ると外国人を受け入れられなくなるほか、
　　　出入国在留管理庁から指導、改善命令等を受けることがある。

登録支援機関について

1　登録を受けるための基準
　① 機関自体が適切（例：５年以内に出入国・労働法令違反がない）
　② 外国人を支援する体制あり（例：外国人が理解できる言語で支援できる）

2　登録支援機関の義務
　① 外国人への支援を適切に実施
　② 出入国在留管理庁への各種届出
　（注）①②を怠ると登録を取り消されることがある。

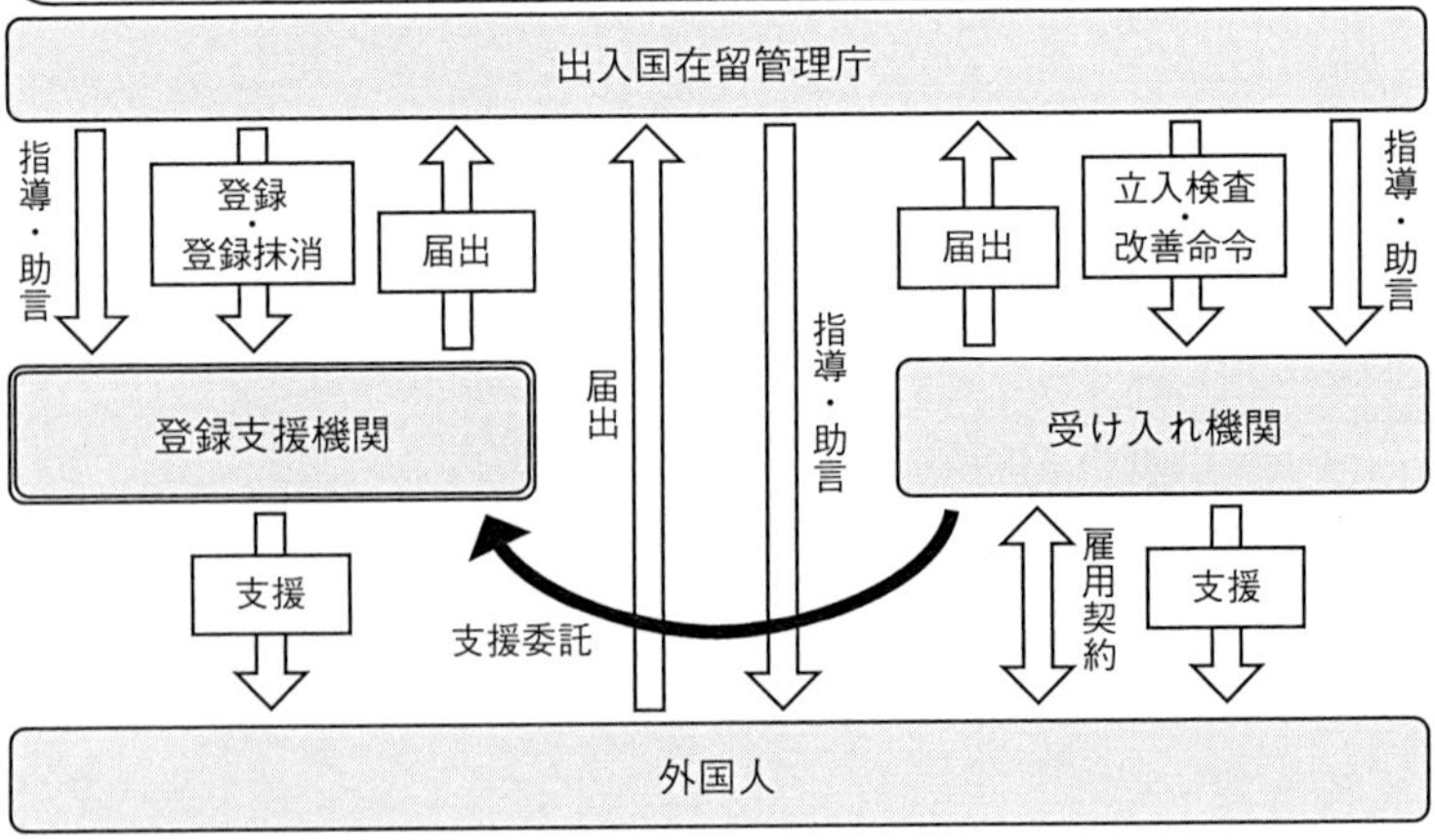

（出典）法務省入国管理局「新たな外国人材の受入れについて」（平成31年３月）をもとに作成

が、ほとんど最低賃金とイコールです。しかも、これはあくまでも契約上で、実際はそんなに賃金を払っていないケースが多く、最低賃金を割っている場合もたくさんあります。

入管の審査では、理屈としては、おそらく比較する日本人がいないということで通っているのではないでしょうか。日本語も不自由で日本の仕事に慣れていない実習生と日本人を比較できないから、最低賃金を払っておけばそれで日本人と同等以上といえてしまう。これが実習生の今の運用です。

特定技能になれば「日本人と同等以上」ということで、月に二五万円とか三〇万円が支払われると思いますか。私は思いません。最低賃金ギリギリになる可能性が高いのではないかと思います。

図の1②には「機関自体が適切」と記してあります。五年以内に出入国・労働法令違反がないこと、これは大事ですね。技能実習でもこうした基準はありますが、技能実習で賃金不払いや違法なことがあれば、その企業は一度会社を畳み、息子が新たに会社を立ち上げ、企業の実態は全く同じで、また受け入れを継続するといったことがあります。今度の制度がこうしたことに対する手当てを何かしているのかというと、私が知る限りしていません。

「2　受け入れ機関の義務」として、「①　外国人と結んだ雇用契約を確実に履行（例：報酬を適切に支払う）」と記されています。いいことですし必要です。しかし、わざわざこうしたことを書かなければならないのが現状です。しかも、書けば守られるのか。私は、楽観していません。

次に登録支援機関ですが、まず日常生活上の支援、二番目に職業生活上の支援、三番目に社会生活上の支援をすることになっています。

「日常生活上の支援」とは、衣食住への支援のことです。まず住むところを彼ら、彼女らは自力で確保できません。だから、アパートや寮を確保するところから始まると思います。また、買い物にしてもどうすればいいかわかりません。三番目の「社会生活上の支援」は、よくわからないこともありますが、郵便局の使い方や国の家族への送金手法などがこれにあたるかもしれません。

問題は、二番目の「職業生活上の支援」です。職業生活における様々な問題、例えば職場でコミュニケーションがうまくいかないみたいな相談ならばわかります。

しかし、「職場でパワハラを受けた」「職場で賃金が適正に払われていない」「長時間労働がひどくもう少し労働時間を減らしてほしい」などの訴えに対して、誰が支援するのかというと、受け入れ企業が支援するわけです。もしくは受け入れ企業から委託された登録支援機関が支援するのです。これは適切だと思いますか、支援できると思いますか。受け入れ企業が自分で自分を適正化できると思いますか。時給三〇〇円しか払っていなかったら、きちんと最低賃金を払いなさいと自分で自分に指示できますか。あるいは、その企業から委託を受けた登録支援機関が、お金を払って委託してくれる企業に対して、是正を求めることができるでしょうか。無茶な制度なのです。職業上の生活について、企業に支援させるという無茶な建てつけになっていることは、指摘しておきたいと思います。

◆改定入管法に関する論点

一点目として、非熟練労働者を受け入れるということ自体は、必要だと思います。

二点目に、政府は移民政策であることを否定することにより、特定技能一号では在留期間通算五年の上限、家族帯同禁止といっています。これは、おかしい。外国人労働者をこれだけたくさん受け入れるということは、移民政策そのものであるはずです。国連などの用語例では、一年以上在留する外国人は「移民」です。したがって、そう捉えきちんとした移民政策をつくるべきです。

また、通算五年の上限とか家族帯同禁止は、人権侵害というマイナス面はありますが、メリットは何もありません。企業側もこういうことは望んでいません。企業側からは、職場になじんで五年も働いてくれた人は、六年も七年も働いてもらいたいとの声がたくさんあります。また、地域社会の中でも、それだけ継続して住んで働いている人は続けていてほしいという声が強いのです。それを「移民は受け入れない」といういわばイデオロギーのために五年で帰すというのは非常におかしなことだと思います。

三点目。職場の移動の自由はきちんと保障すべきです。今度の制度のいいところですが、技能実習と違って、特定技能一号・二号は職場の移動の自由には制限がありません。

ただ、本当に職場の移動が可能になるのか。例えば「この会社をやめたい」「きちんと賃金を払ってくれない」「長時間労働がひど過ぎる」と思ったときに、別の職場を探して移るチャンスが実質的にあるのか、これはまだわかりません。ハローワークが支援することになっていますが、どれぐらい本気でやるのかはわかりません。職場の移動の自由をきちんと保障することが大事だと思います。

四点目。労働力のマッチングにおける中間搾取や人権侵害を防止すべきです。このことは、技能実習で大きな問題があったので、この際きちんと対応すべきですが、全くだめです。ブローカーの規制がまともに行われていません。渡航前費用の制限が全くされていません。実習生がベトナムで一〇〇万円取られているようなことが、特定技能でも続くかもしれませんが、それについての制限は全くありません。ある程度制限があるけど、なかなか効力がないという問題ではありません。繰り返しますが、全く制限がないのです。全く制限をしていないにもかかわらず、政府はブローカー規制をやります、やっていますといっていますが、これは大嘘です。

さすがに技能実習生と同じように保証金徴収や違約金契約は禁止していますが、実効性がないと思います。技能実習でも禁止ですが、いくらでもやられています。これは本気で規制しないといけないのですが、強い規制はされていません。したがって、おそらく今後も実際にはやられるでしょう。保証金徴収や違約金契約の禁止に実効性がないことが問題です。

受け入れ後の国内ではどうなるのか。技能実習生の場合は、監理団体が一人あたり月に三万円から五万円を取っていました。おそらく今度は、登録支援機関がそれぐらいのお金を取るでしょう。これに対する規制は全くありません。いくら取っても、どんな項目で取っても自由です。全く制限がありません。

五点目。もともと新制度は、技能実習による受け入れやサイドドアからの受け入れはダメであり、また、出稼ぎ目的の留学生を労働力として当てにしているようではだめだという考え方のはずです。自民党政務調査会労働力の確保に関する特命委員会のメンバー委員長の木村義雄国会議員なども、メディアではそういう発言をしています。ところが、ふたを開けてみたら、結局技能実習制度は廃止しませんでした。何のための改革なのでしょうか。

私は、技能実習にうまみがあると思っている人たちがいると思います。職場が移動できませんから。新制度は、職場が移動できるので、受け入れ側はすごく不満を持っています。技能実習は、職場が移動できないからどんな悪条件でも働き続けてくれるという期待を持っているのではないでしょうか。実際、特定技能の一四業種のほとんどは、技能実習にもある業種です。

逆に技能実習にはあるが特定技能にはない業種があります。縫製業です。縫製業は、なぜか特定技能の申請をしませんでした。縫製業はこれからも時給三〇〇円で技能実習生を使い続けるつもりなのでしょうか。その内情はわかりませんが、そういう懸念すらあります。

技能実習制度は、速やかに廃止すべきです。

六点目。受け入れ後の共生政策、統合政策をきちんととるべきだと思います。

最後に七番目。出入国在留管理庁の設置です。入管当局は、六月に骨太の方針が出たときは法改定を嫌がっていましたが、管理庁への格上げが出たころからムードが変わり一生懸命になったような気がします。

管理庁をつくりましたが、多文化共生を進める、移民を受け入れ、ともに生きていく社会をつくる方向の庁がありません。管理だけなのです。

一般に、移民政策は二つの政策で成り立っているといわれます。一つが在留管理の政策、もう一つが共生政策で、この両方がなければおかしい。管理だけの庁をつくり、多文化共生の組織をつくらないことは、非常に問題だと思います。

〔とうきょうの自治第113号〔二〇一九年六月三〇日　発行：公益社団法人東京自治研究センター〕から抜粋・修正して転載〕

第1章　外国人労働者と人権

1　技能実習生の権利主張を阻む様々なシステム

1　失踪の理由

二〇一七年に七〇八九人の技能実習生が失踪し、二〇一八年には六月までに四二七九人が失踪した。新たな外国人労働者受け入れ制度を創設する入管法等改定についての国会審議の中で法務省から出された数字である。

当時法務省は、技能実習生の失踪の理由として、「より高い賃金を求めて」という理由が八六・九％であると説明していた。これは、失踪後に摘発された実習生に対する聞き取り調査に基づく数字である。ところがその後、法務省は、このデータに誤りがあったとして、「低賃金」による失踪が六七・二％であると訂正した。データの項目も数字も大きく違っている。当初の説明では技能実習生が経済的動機から自分勝手に失踪しているというイメージを受けるが、訂正後の説明では低賃金を理由にやむなく失踪したという状況を読み取ることができる。また、「指導が厳しい」が五・四％から一二・六％に、

「暴力を受けた」が三・〇％から四・九％に訂正された。これも大きな間違いである。

また、技能実習先での月額給与のデータをみると、一〇万円以下が全体の五六・七％である。最低賃金だとしてもフルタイムで働いて月一〇万円以下はあり得ないし、まして、技能実習生は長時間の残業をし、休日も働いていることが多いから、最低賃金以下の違法な状況であったと思われる。

なぜ、違法な状態で働かされている技能実習生は、権利の主張をせずに失踪してしまうのだろうか？

2　技能実習生の九八％が労働基準監督署に申告できない

厚生労働省の「外国人技能実習生の実習実施者に対する監督指導、送検等の状況（平成三〇年）」によると、二〇一八（平成三〇）年には、全国の労働基準監督機関が、実習実施者に対して七三三四件の監督指導を実施し、その七〇・四％にあたる五一六〇件で労働基準関係法令違反が認められている。では、技能実習生からの違反の申告はどのくらいあったのであろうか。技能実習生から労働基準監督機関に対して労働基準関係法令違反の是正を求めてなされた申告は一〇三件しかない。五一六〇件の労働基準関係法令違反に対してたったの二％である。これは、二〇一八年だけの数字ではない。例年の申告数は一〇〇件に満たないのである。

なぜ、九八％の技能実習生は、労働基準関係法令違反があっても申告ができないのだろうか？

⑴　送り出し機関とさせられる約束

まず、技能実習生の多くは母国の送り出し機関との間で、日本での権利主張を禁止する約束をさせられている。労働基準監督署への相談・申告、労働組合への相談・加入、弁護士への相談・依頼、マスコミへの情報提供などが禁止されている。問題が生じたときには、必ず送り出し機関に相談し、その機関を通じて問題を解決するとされている場合もある。

技能実習生の多くは送り出し機関に多額の保証金を預け、さらに違約金契約をさせられて親族などの保証人をつけさせられている。これは、現在の技能実習制度においては禁止されているが、実際には多く行われている。送り出し機関との約束に違反して権利行使をすれば、保証金が没収され、違約金を請求される。だから、技能実習生は権利行使ができないのである。

⑵　職場移動の自由がない

技能実習生には職場を移動する自由がない。技術・技能を学ぶために実習をしているという建前のため、同じ職場で三年間働くことになっている。例外的にその後に二年間働くことが認められた場合は移動ができるという建前があるが、転職先がみつかるとは限らず、実際に移動できるという保証はない。

職場移動の自由がないということは、その職場で権利を主張したことにより不利益を受けたり、解雇されたりしたら、どうしようもないということである。普通の労働者であれば別の職場に移ることができるが、技能実習生にはその道がないのである。

(3) 借金

技能実習生は、送り出し機関に数年分の年収に相当する多額の渡航前費用を支払っている。ほとんどの場合、この渡航前費用は借金をして工面している。日本に来て、最初の一、二年は、生活費を除いた賃金をすべて借金返済に充てなければならないことが多い。もし、解雇されて帰国を余儀なくされれば、借金だけが残ることになる。

(4) 強制帰国の恐怖

技能実習生を受け入れる際に日本の窓口となるのは「監理団体」である。監理団体は送り出し機関と契約を結び、技能実習生を受け入れる。多くの場合、中小企業が事業協同組合をつくって監理団体となり、実習生を受け入れ、また支援することになっている。

にもかかわらず、この監理団体や受け入れ企業が、権利主張をした技能実習生を強制的に帰国をさせるということもある。

ある技能実習生は、有給休暇を取りたいといっただけで強制的に帰国させられた。もちろん、監理団体や受け入れ企業に技能実習生を強制的に帰国させる権限があるわけではない。また、本人の意思に反して、暴力や脅迫によって帰国させることは違法行為であり、犯罪である。しかしこういうあり得ないことが横行している。強制帰国を行った監理団体や受け入れ企業が刑事罰を受けることはなく、損害賠償責任を負った例も少ない。

強制帰国させられた技能実習生に残るのは借金だけである。さらに、送り出し機関に保証金を没収され、場合によっては違約金が請求される。こういうリスクがある中で、どうして権利の主張ができるだろうか。

３　システム化した現代の「強制労働」

このように技能実習生は、権利の主張ができない状況で働いている。これは、現代の強制労働ではないのか。強制労働とは、暴行・脅迫・監禁その他精神または身体の自由を不当に拘束する手段によって、労働者の意思に反して労働を強制することである。そういうと、鎖につながれて働かされているように思われるかもしれないが、技能実習生は鎖につながれて働いているわけではない。しかし、様々なみえない鎖につながれており、モノがいえない労働者として働いているのである。

二〇一八年一二月一四日に新たな外国人労働者受け入れ制度を創設する入管法が改定され、二〇一九年四月から施行されたばかりである。この制度により、外国人労働者が自らの権利を主張できるようになるかどうかはまだ未知数だ。

確かに、新たな受け入れ制度では外国人労働者が職場を移動する自由は認められている。しかし、実際に移動する職場についての情報が提供され、転職のあっせんがされるのかは不明である。また、送り出し国での多額の渡航前費用についての制限はない。送り出し国における保証金徴取、違約金契約は禁止されているが、その実効性を図る方策は打ち出されていない。強制帰国の危険については議論すらされなかった。

新たな制度が第二の技能実習制度、現代の奴隷制度にならないように、技能実習制度の失敗を踏まえた運用が必要である。

2 送り出し国段階での中間搾取

1 借金して来日する技能実習生

1で述べたように、技能実習生は送り出し機関に多額の渡航前費用を徴収されている。これは、日本へ行く航空券代などの実費をはるかに超える金額で、彼ら、彼女らの送り出し国での年収の数年分に相当する。例えばベトナムの場合、約一〇〇万円の渡航前費用を徴収されることが多い。これは、ベトナムの平均年収の約四年分である。ほとんどの場合、彼らは渡航前費用を借金によって調達している。金融機関から借りる場合には多額の利息を払わなければならない。家族や親せきからかき集めて借りて用意する場合もある。

来日した技能実習生の目標は、まずこの渡航前費用分を稼ぐことである。苦労して日本に来たのに、借金を返済する前に解雇されたり、受け入れ企業が技能実習生受け入れ停止処分を受けて帰国せざるを得なくなれば、借金だけが残り、一家の経済は破綻する。だから、来日前に聞いていた賃金が支払われなくても、最低賃金にも満たない残業代で長時間の残業をさせられても、セクハラやパワハラを受けても、我慢して働かざるを得ない。

また、監理団体や実習実施機関の意に沿わない技能実習生は強制帰国させられることがあるが（強制帰国は違法な行為だが、頻繁に行われている）、強制帰国させられれば借金だけが残るので、やはり我慢して働かざるを得ない。これは出稼ぎ目的の留学生や日系人も同じである。

日本の労働基準法では、他人の就業に介入して利益を受けること、すなわち「中間搾取」が禁止されている。戦前に横行していた口入屋や募集人などの仲介者が中間搾取を行う悪習を排除する目的で定められた規定だが、これは日本国外には及ばない。外国人労働者の受け入れにおいては、中間搾取という悪弊がいまだに横行しているのである。

新しい入管法のもとでも渡航前費用という形の中間搾取が行われている。しかし、政府は対策を何ら打ち出していない。

2 日本では〝保証金〟と〝違約金契約〟は禁止されたはずだが…

技能実習生の来日に際しては、送り出し機関により保証金が徴収され、日本で逃亡したり、送り出し機関との約定に違反した場合には、これは没収される。さらに、約定に違反した場合には違約金を支払うという契約がなされ、この違約金契約に保証人がつけられる。保証人をつける代わりに居住している家を担保に取られることもある。保証金は一五万円〜三〇万円程度が多く、違約金の金額は様々で、年収一〇年分程度かそれ以上の金額の違約金契約を結ばされることもある。

送り出し機関との約定には様々なものがあるが、日本で問題があっても労働基準監督署などの日本の行政機関に相談しない、労働組合に加入しない、弁護士に相談をしない、マスコミに情報を流さない、実習先以外で日本人と話をしない、実習先以外の同国人と連絡を取らない、異性と付き合わない、妊娠をしないといった条項が存在する。

監理団体や実習実施機関が日本の国内で技能実習生とこのような約定を結べば、憲法違反、労働法違反であり、人権侵害になる。そのため、送り出し国の段階でこのような約定がなされるのである。

二〇一〇年以降、日本の制度上は、送り出し機関が技能実習生から保証金を徴収したり、違約金契約を締結することは禁止されている。保証金徴収や違約金契約の存在が判明すれば、その技能実習生の受け入れはできなくなる。しかし、実際には、今でも多くのケースで行われている。私のところに人権侵害や労働問題で相談に来る技能実習生のほとんどが、保証金徴収と違約金契約をさせられている。ほとんどの場合、監理団体もそれを知っていると思われるが、当然、入国管理局には報告をしない。技能実習生に対しては厳重に口止めがなされている。技能実習生は、これが入国管理局に知られてしまうと受け入れが停止され、自分たちが働き続けることができなくなると考えて、決して口外しない。このようにして、秘密は守られる。技能実習生が権利を主張して立ち上がらなければ、保証金徴収や違約金契約の存在は明らかにならないのである。

こんな事件もある。残業時給三〇〇円で働かされていた中国人技能実習生たちが労働組合に加入して会社と交渉し、不払いの残業代を支払わせて中国に帰国したが、送り出し機関から違約金請求の訴訟を起こされた。中国の裁判では、一審・二審とも送り出し機関の請求が認められた。ただし、全額が認められたのではなく、日本で実習生が取り戻した不払い残業代とほぼ同じ金額の請求が認められたのである。

この件について、後日、私は、日本における不払い残業代支払いの経緯についての証拠を集めて中国の弁護士に送り、中国で民事再審請求をしてもらって、技能実習生たちが違約金を支払わなくてよいという解決を勝ち取った。しかし、技能実習生が自力で送り出し国での違約金請求に対応した場合、支払わなければならなくなる場合が多いものと思われる。

3 ミャンマーの技能実習生支援の動き

ミャンマーでも技能実習生に対する保証金徴収や違約金契約が行われている。

在日ビルマ市民労働組合（ＦＷＵＢＣ）という労働組合は、たくさんの技能実習生から相談を受けているが、そのうち、違法で過酷な実習先に耐えられず逃亡してしまった技能実習生のほとんどが、ミャンマーで送り出し機関から違約金の請求を受けている。保証人に対して訴訟が提起されているケースもあり、ＦＷＵＢＣはそのうちの三件の訴状を入手している。残念ながら、すでに違約金請求を認める判決が出てしまったケースもある。ＦＷＵＢＣは日本の法務省入国管理局や技能実習機構にも情報を提供し、対応を求めている。

　また、ＦＷＵＢＣは日本の労働組合や弁護士（外国人技能実習生問題弁護士連絡会）の支援を受けて、ミャンマーで違約金請求訴訟をされた技能実習生や保証人を支援する体制づくりに取り組んでいる。ミャンマーにおける労働組合のナショナルセンターであるミャンマー労働組合総連合（ＣＴＵＭ）に協力を求め、ミャンマーの弁護士に依頼して、違約金請求に対応できる体制もつくった。今後、違約金請求に対抗し、日本からも情報を送って、違約金請求を認める判決が出されることのないよう取り組んでいくこととしている。実際、この支援体制のもとで、実習生側が勝訴したケースも出ている。

＊

○技能実習制度の問題点と事例の詳細については、外国人技能実習生問題弁護士連絡会編『外国人技能実習生法的支援マニュアル　今後の外国人労働者受け入れ制度と人権侵害の回復』（明石書店）も参照されたい。

3 現場から① 過酷！ 技能実習生の賃金・労働条件

1 「時給三〇〇円」の労働者

私の事務所に相談に来る技能実習生の多くは、残業時給を三〇〇円程度しか受け取っていない。私は、二〇〇七年から技能実習生の問題に取り組んでいるが、当時から現在まで、こういう相談は後を絶たない。もちろん、これは最低賃金にはるかに及ばない金額であり、最低賃金法や労働基準法に違反している。技能実習生に最低賃金法や労働基準法が適用されないわけではない。明らかな違法状態である。しかし、そういう違法なことが、数多く行われている。そして、ほとんどの場合、技能実習生は異議を述べない。いや、述べることができないのだ。

厚生労働省は、毎年八月に、「外国人技能実習生の実習実施機関に対する監督指導、送検等の状況」という資料を公表している。二〇一九年八月八日に公表された二〇一八年の資料によると、全国の労働基準監督機関が、技能実習生が働く企業などに対して七三三四件の監督指導を実施し、その七〇・四％にあたる五一六〇件で労働基準関係法令の違反が認められたということである。主な違反事項は、①労働時間（二三・三％）、②使用する機械に対して講ずべき措置などの安全基準（二二・八％）、③割増賃金の支払い（一四・八％）などである。具体例として、割増賃金が最低賃金を下回る一時間あたり五〇〇円のケース、技能実習生全員（一二名）に対し、月一〇〇時間を超える違法な時間外・休日労働（最長者は月一九八時間）を行わせていたケース、技能実習生六名に対して、半年以上、残業代を含めた賃金がまったく支払われず、さらに、一〇か月の間、平均で月一七八時間に及ぶ違法な時間外・休日労働を行わせていたケースなどが報告されている。

驚くべきことに、技能実習生から労基署に対して労働基準関係法令違反の是正を求める申告は、年間で一〇三件しかない。

このうち、技能実習生に対する重大・悪質な労働基準関係法令違反が認められた事案として、労基署が送検した件数は一九件であった。この中には、無資格の技能実習生にフォークリフトの運転をさせ、この技能実習生が労災事故にあうと、「労災隠し」をしたため送検されたという事例も含まれている。

２　縫製会社ＡＢＡ賃金不払事件

私が初めて取り組んだ技能実習生の事件は、岐阜県の縫製会社ＡＢＡ（アバ）で働いていた四人の中国人女性の技能実習生による未払賃金請求の労働審判である。ＡＢＡは日本人が経営する個人企業であり、工場で働いていたのは中国人の実習生たちだけだった。

彼女たちは、二〇〇五年三月に研修生として来日した。当時は、一年目は「研修生」であり、二年目と三年目は「技能実習生」として働くという制度だった。一年目の研修生の期間は、制度上は残業が禁止されていたが、実際には長時間の残業があり、残業時給は三〇〇円だった。毎月の研修手当の総額は不明で、監理団体会費、宿舎費、水道光熱費（五〇〇〇円）、租税公課、社会保険、社内貯金（三万円）が控除され、「食費」と称して一万円のみが支払われた。二年目になり技能実習生になると、残業時給は三〇〇円、「食費」と称する手取賃金は一万八〇〇〇円だった。三年目になると、残業時給が五〇〇円、「食費」が二万二〇〇〇円になった。すべて最低賃金法と労働基準法に違反する低額賃金である。また、月三万円の社内貯金は強制的に行われており、これも労働基準法が禁止しているものである。

彼女たちは、来日したその晩、工場兼寮に着いた時から、休む暇もなく働かされた。朝から午後一一時頃まで仕事が続くことは普通で、日を越すことや徹夜も多くあり、残業時間は月二一九時間になることもあった。過労死ラインとされている月八〇～一〇〇時間の倍以上の時間である。休日は数か月に一回しかもらえなかった。徹夜で仕事をして朝を迎え、そのまま次の仕事が始まるときに、社長に「休ませてください」と懇願したが、「納期があるからダメだ。若いうちは苦労をしろ」といわれた。

工場が一階、寮が二階にあったが、どちらにも暖房器具はなく、彼女たちは冬には常にコートを着て、ミシン掛けの仕事をするときには足元に湯たんぽを置いた。夜は、ペットボトルにお湯を入れたものを抱き、毛布を四枚かけて眠った。

来日前には、「日本に行けばたくさん稼げる」「環境のいい部屋に住める」などといわれていたが、実際は全く違っていた。しかし、彼女たちは逃げ出すことも、途中で帰国することもできなかった。中国で送り出し機関に、渡航前費用数十万円と保証金約三〇万円を支払ってきており、しかも、これらは借金をして準備しているので、日本で稼いで帰らなければ大変なことになるのである。保証金の約三〇万円は、当時の彼女たちの中国での年収一～二年分ということだった。

実習先を逃げ出したり途中で帰国すれば、保証金約三〇万円は没収される。さらに、送り出し機関との間で、逃亡しないこと、労基署や裁判所に訴えないことなどを約束させられており、これに違反した場合には違約金約四〇万円を支払うという契約をさせられ、この違約金契約には家族の保証人がついたり、家族の所有する不動産を担保として差し出したりしている。

私は、二〇〇七年一〇月に、彼女たちの代理人として、ＡＢＡに対して未払い賃金約一一〇〇万円の支払いを求める労働審判を岐阜地裁に申し立てた。ＡＢＡは、その直後に強制貯金分三〇〇万円を彼女たちに返還した。その後、ＡＢＡが未払賃金六三〇万円を支払う内容の調停が成立した。

3　モノをいえない労働者

二〇一〇年施行の改定入管法で、研修制度と技能実習制度が分離され、研修は一年以内で終了し、技能実習は研修とは別の三年間の制度となった。研修は制度上、雇用契約に基づくものではなく、労働法は適用されないとされていたが、労働の実態がある場合には労働法が適用されるという判例が確立した。技能実習生には元々労働法は適用されていたし、改定入管法以降は、技能実習の三年間すべてに労働法が適用されるようになった。しかし、昔も今も、労働法の違反事例は数多く存在する（なお、二〇一七年には更に改定された入管法と技能実習適正化法が、また二〇一九年四月にも改定入管法が施行されたが、技能実習制度の構造的な問題点を踏まえない表面的な規制を行うものに過ぎないことから、実態は大きくは変わっていない）。

二〇一〇年施行の改定入管法では、送り出し機関による保証金徴収と違約金契約が禁止されたが、それ以降もこれらは実際にはなくなっておらず、秘密裏に行われているケースが多数存在する。

なぜこのような違法行為が後を絶たないのか。それは、技能実習生たちが権利の主張ができない状況に置かれている「モノをいえない労働者」だからである。その現状について、以下、報告していく。

4 現場から② 外国人労働者と労災

1 「死んでも会社の責任を問わない」という誓約書

もちろん、外国人労働者にも労災保険制度は適用される。使用者に故意もしくは過失があれば、損害賠償も請求できる。しかし、実際には、外国人労働者の多くは労災保険制度を知らず、また、使用者が労災隠しをするケースも多い。

外国人労働者からの相談では、「仕事中事故にあったが、会社は何もしてくれない。どうすればいいのかわからない」「仕事中の事故なのに、社長から、医者には自宅の風呂場で転んでけがをしたといえと命令された」という訴えが多い。さらに、「仕事中に事故にあって、しばらく休んだら、解雇された」「私は技能実習生だが、仕事中の事故で指を切断してしまったら、次の日に会社の人たちがアパートに来て、車に乗せられて、空港に連れていかれて、強制的に帰国させられた」といった訴えもある。

外国人労働者も日本人労働者と同様に労災保険や民事損害賠償によって補償を受けられるというのが制度の建前であるが、実際には多くの外国人労働者が無権利状態に置かれている。

二〇一四年七月、大阪の介護会社で、フィリピン人女性を介護職員として採用する際に、本人が死亡しても会社の責任は問わず、「永久に権利放棄する」という誓約書を提出させていたことが報道された

（七月一三日、共同通信）。会社は、「あなたを守ってくれる書類だ」と説明し、これまでに延べ三〇人程度がこの文書に署名させられ、提出したという。こういうことは、他の会社でも行われている可能性がある。

2　ある技能実習生過労死事件

二〇〇八年六月、茨城県潮来市のメッキ工場で働いていた中国人技能実習生が急性心不全で死亡した。三一歳だった。故郷には、三二歳の妻と七歳の長女、五〇代の両親がいた。

会社の遺族に対する説明は、「会社に責任はない」というものだったが、妻は、夫が「残業が長く、休みが取れなくてきつい」と漏らしていたことを思い出し、納得できなかった。遠い親戚が九州大学に留学していたことを思い出し、彼に電話で相談をした。留学生は、「過労死ではないか」と疑い、実習生問題に取り組む弁護士を探し、私のことを紹介されて、事務所に電話を入れてきた。私は、留学生から事情を聴き、すぐに会社に乗り込み、社長から事情を聴いた。社長は、「うちでは、月二〇時間程度しか残業をさせていないから、過労死などということはあり得ない。証拠のタイムカードもある」と説明した。

私は、社長の説明を信用することができなかった。後日、一緒に働いていた実習生から、秘密裏に、「うちの会社では、本当の労働時間を記載したタイムカード以外に、残業時間が週二〇時間以内に収まるように記載した虚偽のタイムカードをつくっている。会社は、本当のタイムカードを破棄処分してしまった」という連絡が入った。

しかし、後日、会社から返還された遺品の中から、二〇〇七年一一月分の本物のタイムカードのコピーが出てきた。一か月の総労働時間が約三五〇時間で、残業時間は約一八〇時間だった。これを証拠として労災申請を行い、二〇一〇年一一月に技能実習生としては初めての労災認定を受けた。タイムカードの破棄などを理由に会社と社長は、労基法違反で罰金刑も受けた。

また、二〇一一年二月には、遺族が原告となり、受け入れ会社と監理団体である協同組合に対して損害賠償を請求する訴訟を提起し、二〇一二年一一月に被告らが解決金を支払い、「遺憾の意」を表した上で、再発防止を約束する和解が成立した。

この事件は、外国人労働者の過労死事件で遺族が補償を得ることの難しさを明らかにした。特に、家族を連れず、一人で日本に来て働く技能実習生の場合、遺族には、被災者についての情報がほとんど何もない。また、日本の労災保険制度についての知識もなく、誰に相談すればいいかもわからない。本件の場合、たまたま、遺族の親戚が日本に留学していたという事情があり、また、会社が長時間労働を隠すために虚偽のタイムカードを作成したにもかかわらず、真実のタイムカードのコピーが遺品の中から出てきたという偶然の事情があった。こういう偶然が重ならなければ、本件で過労死が認められ、遺族への補償がなされることはなかったであろう。本件は、そういう意味で、外国人労働者の過労死事件の氷山の一角に過ぎず、明るみに出なかった数多くの過労死の存在を示唆している。

3　外国人労働者の労災補償は安くていいのか？

本来、命に値段はない。しかし、実際には命の値段は存在する。労災死亡事件の場合、逸失利益（死亡によって失われた利益）と慰謝料を算定し、「命」に値段をつけ、損害賠償額を決めなければならない。日本人であれ、外国人であれ、これは辛いことである。

一方で、外国人労働者が労災で死亡した場合と、日本人労働者が死亡した場合では、損害額に大きな格差が生じることがある。これは、命の値段で差別されているようで、到底、納得ができないことである。

前述した技能実習生過労死事件においても、この点が大きな争点になった。被告（会社と監理団体）は、技能実習生は、もし、日本で死亡しなければ、技能実習終了後には中国に帰国して、中国で就労するはずだったのだから、死亡によって失われた利益（逸失利益）の算定は、日本ではなく中国の賃金水準で計算するべきであり、精神的損害を慰謝するための慰謝料も、受け取る遺族が中国で生活しているのだから、日本と中国の物価の差を考慮して、日本人が死亡した場合よりも低額になるはずだと主張した。本件は、和解で解決したので、裁判所は被告の主張について判断をしなかったが、結果としては、遺族が納得する金額の解決金を得ることができた。

実は、この争点については、すでに二〇〇七年の最高裁判決があり、将来帰国が予定されている外国人の逸失利益は、日本に滞在することが予想できる期間は日本の収入等を基礎とし、帰国後はその国での収入を基礎として逸失利益を算定するのが合理的だというのである（改進社事件）。

この判決を根拠に、使用者が、外国人労働者の労災は補償が安く済むと考えて、安全配慮を怠るようなことがあれば、大問題である。

5 現場から③　ハラスメントが多すぎる

1　技能実習生に対するセクハラ・性暴力

技能実習生に対するセクハラや性暴力は多い。被害を受けた技能実習生たちのほとんどは、強制帰国などによって働き続けることができなくなることを恐れて、被害を訴え出ることを躊躇《ちゅうちょ》している。

二〇一三年に来日した中国人女性の技能実習生は、農家に居住して、大葉の収穫作業などを行っていたが、受け入れ農家である雇用主の父親から胸や尻を触られたり、その父親が性器を露出して彼女の周りを歩き回るといったセクハラ被害に日常的にさらされていた。さらに、服の上から口を胸に押し付けてきたり、シャワーを浴びているところに入ってこようとするなど、セクハラはエスカレートしていった。彼女は、中国で送り出し機関に対して五万人民元の渡航前費用を支払い、保証金一万元を支払っており（一万人民元は、約一七万円）、その費用を借金で賄っていた。セクハラの被害を訴えれば、解雇され、強制帰国させられると考えて、なかなか訴え出ることができなかったが、ついに我慢ができなくなり、監理団体である協同組合の職員にセクハラ被害を訴えた。

ところが、協同組合は、彼女の訴えを抑え込もうとして、彼女を部屋から協同組合の事務所に連れ出そうとした。彼女は、強制帰国させられる危険を感じて、部屋から出なかった。その後、協同組合は、一時期、他の農家で彼女を働かせたが、これは入国管理局に正式な届けを出さないで働かせたものであった。結局、彼女は、協同組合が所有するアパートに移され、仕事は与えられなかった。そのアパートには、冬なのに暖房設備もなく、ガスやシャワーもなかった。彼女は、知人から労働組合の役員の電話番号を聞いて助けを求め、その労働組合に救助され、セクハラ被害による損害賠償などを請求する訴訟を提起した。労働組合は、良心的な監理団体の協力を得て、彼女が働ける別の実習先の農家を探したが、受け入れ農家はみつからず、帰国を余儀なくされた。

彼女は、二〇一五年六月二五日、水戸地裁にセクハラについての損害賠償と未払残業代を請求する訴訟を行ったが、二〇一八年一一月一九日、地裁はセクハラについての損害賠償請求を棄却し、未払残業代請求のみを認める判決が出された。一度、控訴を行ったが、その後取り消したので、一審判決は確定した。本件では、他にも数名の被害者がおり、原告の女性と一緒にそのことを証明する文書を作成していたが、他の被害者は協同組合から示談金の支払いを受けて帰国し、裁判では「私たちは日本の文化を誤解していた。あれは、セクハラではなかった」などと述べてセクハラの存在自体を否定していた。示談の際にこうした証言をする約束をしたものと思われる。

こういう事件は数多くあるが、訴訟まで至ることは極めて珍しい。被害を訴えること自体が困難であるし、訴えることによって、技能実習が継続できなくなるという不利益を受けるからである。

別のケースでは、技能実習生が使用者からセクハラを受けている映像を撮影して、支援者を介して、私にその映像データを送ってきた。面談の約束をしたが、約束の時間に技能実習生は来なかった。支援者によると、使用者からわずかな金銭を渡されて、送り出し国に帰されてしまった可能性が高いということであった。

セクハラを超えた性暴力事件もある。二〇〇九年に来日した中国人女性の研修生が農家に受け入れられて働いていたが、三回も強姦されて農家を逃げ出し、以前から電話で相談をしていた労働組合に保護された。彼女は、使用者である農家に抗議をすれば、研修を一年で打ち切られ、二年目に進めなくなるか（当時は、一年目が研修、二年目と三年目が技能実習という制度であった）、解雇されて帰国させられると考えて、二回目までの強姦被害にあった時点では、被害を訴えたり、逃げることができなかった。三回目の強姦被害にあって我慢できなくなり、逃げ出したのである。彼女の場合も、その後、研修の継続はできなかった。

別のケースでは、建設大工の研修目的で来日した研修・技能実習生が、一年半にわたり、受け入れ会社の社長から五〇回以上もの強姦被害にあっている。

2　職場におけるムスリム差別

技能実習生以外の外国人労働者も、様々なハラスメントにさらされている。

町工場で、フライス盤を操作する仕事をしていたバングラディッシュ人が、職場で差別されたことが原因で抑うつ状態になり、やむなく会社を休んでいたら、解雇されてしまった。彼は一〇年以上、この会社で働いていた腕のいい労働者で、職場ではリーダーとして若い日本人労働者の指導をする立場だった。ところが、フライス盤を操作する別の年配労働者が入社し、その年配労働者から「外国人とは仕事をしない」などといわれ、職場の中でも孤立するようになって、抑うつ状態になったのである。

彼はムスリム（イスラム教徒）であったが、会社内で、彼が日本人の妻や子供に対して「家庭内で断食や剃髪《ていはつ》などの宗教行動を強制している」とか、「トイレや生活用水は自宅のものを使用せず、自宅付近の公園で使用し、買い物はスーパーチラシ内の一番安い生活雑貨に限られ、電気使用も過度に抑えるなど、家族にとって制限の多い生活だった」といった悪意に満ちた虚偽のうわさを流されていた。このうわさを会社はそのまま受け入れ、彼を職場の無理解やハラスメントから守るどころか、うつのために休職していたことに乗じて解雇したのである。

この事件は、彼が職場外の労働組合に加入して、会社と団体交渉を行い、会社は解雇を撤回して彼に対して解決金を支払い、彼は会社を自主退職するという形で解決をした。会社は、ハラスメントにきちんと対応しなかったために、フライス盤を操作する腕の良い労働者を失ったのである。

３　企業には「異文化理解力向上措置義務」がある

日本の企業が外国人労働者を受け入れれば、文化や言語や宗教の違いに直面する。多様性を正面から受け入れれば、企業を発展させる力を得ることもできるが、そのような姿勢を持てない企業が多い。

ある中小企業で、妊娠した中国人女性労働者が解雇された。社長に妊娠を告げてから二か月後に、これまで一度もいわれたことがない「協調性がない」という理由で解雇されたのである。典型的なマタニティ・ハラスメント事件だ。確かに彼女は、年配のパートの女性たちと折り合いが良くなかった。正社員である彼女は、自分よりも年上のパートの女性たちに指示を出したり、注意をしたりしなければならず、その言い方がきついと捉えられていたのである。彼女は、持参した弁当について、「臭い」といわれるようなハラスメントを受けたこともあった。

このような問題は、外国人労働者を受け入れるどこの企業でも起こり得ることだ。誰が悪いという犯人捜しをするのではなく、企業が職場環境配慮義務を尽くして、外国人労働者にとっても日本人労働者にとっても働きやすい職場をつくる努力をすべきである。指示の仕方、注意の仕方というのも、文化によって違う面がある。企業は、日本人労働者に対して異文化に属する外国人労働者への研修などの措置をとり、労働者同士のコミュニケーションがスムーズに行われるように支援すべきだろう。

私は、この解雇を不当として提訴し、裁判の中で企業には「異文化理解力向上措置義務」があり、被告企業はこれを果たしていないと主張したが、裁判所は受け入れなかった。なお、裁判では、一審では解雇無効を訴えた原告が勝訴したが、控訴審で逆転敗訴し、上告審もこれを追認した。彼女が外国人労働者でなかったら、裁判所はこのような判断をしなかったのではないかと思えてならない。

6 現場から④　いつ辞めさせられるかわからない

1　ネックは在留資格と有期雇用契約

外国人労働者の多くは有期雇用契約をしており、雇用は不安定である。日系人の二世や三世の工場労働者も、語学学校講師や大学非常勤講師も有期労働契約である。公立小・中・高等学校で児童・生徒に英語の発音を教えたり、異文化理解の向上を図る外国語指導助手（Assistant Language Teacher：ＡＬＴ）の場合、一年契約の有期雇用が多いが、五月から翌年二月までの一〇か月契約とされ、三月及び四月は収入が全くないということもある。

有期雇用契約が多いのは、在留資格の期限とも関係がある。永住と高度専門職二号以外の在留資格には期限がある。例えば、最も典型的な就労のための在留資格である「技術・人文知識・国際業務」の場合、三月、一年、三年、五年のいずれかの期限がある。調理人などの在留資格である「技能」の場合も同じである。

日系二世、三世の在留資格である「定住者」（特別な理由が考慮されて、五年未満の期間で認められる在留資格）の場合の期限は、六月、一年、三年、五年又は法務大臣が個々に指定する期間（五年を超えない範囲）とされている。日本人の配偶者等（特別養子と日本人の子として出生した者（日本国籍を有していない者）を含む）の場合も、六月、一年、三年、五年である。

最初の入国の時には一年間の期限の在留資格を得ることが多く、何度か期限を更新しているうちに三年になり、一〇年間就労を続けるか、三年間日本人の配偶者であり続ければ、永住申請が認められる。

つまり、外国人労働者の場合、最初は一年間の期限のある在留資格で入国しているので、これに対応して、雇用契約も一年以内の有期労働契約であることが多いのである。もっとも、在留資格の期限が一年であっても、一年以上の期間や無期の雇用契約ができないわけではない。法律的な制約があるわけではないのに、外国人労働者の雇用を不安定にする有期雇用契約を結ぶのは、企業にとって、外国人労働者はいつでも辞めてもらえる便利な労働者という位置づけにあるからだろう。

2　ある中国人労働者への退職強要事件

二〇〇九年に私が担当した事件を紹介しよう。

ある産業廃棄物処理工場で中国人労働者が二〇人ほど働いていた。彼ら、彼女らの在留資格は「永住」、「定住」、「日本人の配偶者等」、「永住者の配偶者等」と様々だった。彼ら、彼女らは五年から一〇年程度働いていたが、雇用契約ではなく「業務請負契約」とされていた。実際には、会社から業務上の指揮命令を受けており、実態は請負ではなく、雇用であった。おそらく、労働法の適用を免れたり、社会保険料を支払わずにすむように、このようなことをやっていたのであろう。いわゆる「偽装請負」である。

ところが、なぜか会社は、四月一日から契約を雇用契約に切り替えることにし、最初の三か月間が試用期間とされた。そして更に不思議なことに、五月一五日に、九人の労働者に対して退職届に署名し拇《ぼ》印《いん》を押すように迫ったのである。一人は署名だけして捺印《なついん》を拒否したが、上司が彼の手を取って、拇印を無理やり押させた。他の労働者は、納得していなかったが拒否できない状況の中で、仕方なく署名し、拇印を押してしまった。

退職を強要された労働者のうち七人は納得せず、労働組合を結成して、会社に団体交渉を申し入れた。団体交渉で会社は、労働者たちは退職届に署名し拇印を押したのだから、退職合意は成立していると主張した。私は、七人の代理人として雇用契約上の地位を確認する仮処分を申し立て、労働者たちは長年にわたり会社の指揮命令を受けて働いていたのだから、請負契約ではなく雇用契約が成立していたとみるべきことを前提に、退職届への署名及び拇印の押印は、本人たちの真意に基づくものではないから退職合意は成立していないと主張した。裁判所も、これを認める方向での心証を示したため、会社は希望する四人の職場復帰を認め、残りの三人には解決金を支払って、改めて合意退職とする和解が成立した。

業務請負は、きわめて不安定な働き方であり、会社がいつでも契約を解除することができるものである。件《くだん》の会社は、いつでも契約を解除できると思っていたが、これが「偽装請負」とされ雇用契約と認定されれば、簡単に契約解除ができないと知ったのだろう。そこで雇用契約に切り替えて試用期間満了時に解雇しようと考えたのだと思われる。ところが、試用期間満了時の解雇も簡単には認められない。これに気づいた会社は、退職届に無理やり署名させ、拇印を押させるという暴挙に出たのである。外国人労働者はいつでも辞めさせられる、という会社の考え方がにじみ出ている事件であった。

3　大学の英語講師雇い止め事件

たくさんの外国人が大学の語学講師として働いている。その多くは非常勤講師で一年間の有期雇用契約である。

二〇一三年、ある大学で、英語を母語とする外国人の非常勤講師七人が、安定した雇用を求めて労働組合を結成した。組合は、大学に組合員を無期雇用とすることを要求したが、大学が認めないため、何度かストライキを行った。

これに対して大学は、二〇一五年三月末で七人の組合員の雇用を打ち切り、四月以降も働きたければ改めて採用を求めて応募せよといってきた。その理由として、「大学は新たなカリキュラムに変更し、新カリキュラムでの英語の授業は日本語で行うことが求められるが、組合員たちの日本語の能力が足りない」という説明を行った。

この大学は、グローバル人材の養成に力を入れており、教員に占める外国人の割合を高め、外国語の授業科目数・割合の拡大を目指していた。そんな中での七人の雇い止めは、無期雇用を求めた組合への対抗措置であり、外国人非常勤講師の安定雇用を実現したくないというのが理由だろう。

七人の組合員の雇い止め後、組合は労働委員会に不当労働行為救済申し立てを行った。雇い止めは、労働組合活動に対する不利益取扱いであるとして、これを撤回することを求めたのである。私は組合の代理人に就いた。

その後、フランス語講師が八人目の組合員として組合に加盟し、七人の復職と自らの無期雇用を要求してストライキを行った。これに対して大学は、この講師の授業を受講する学生に単位が修得できないことが予想されると告知して、他の授業へ移ることを推奨し、実際に受講生は激減した。

結局この事件は、労働委員会で組合と大学の間で和解が成立して解決した。和解協定の内容は第三者に口外しない約束になっているので、ここには書けない。結果として七人は大学を辞め、一人は働き続けている。

この事件は、外国人労働者の雇用が不安定であり、雇用の安定を求める労働者の要求に対して、使用者はこれを受け入れず、厳しい態度をとることを示している。もちろん、大学の非常勤講師は、国籍にかかわらず同じような状況に置かれているから、これは外国人労働者特有の問題ではないといえるかもしれない。しかし、多くの外国人労働者がこのような不安定な状況に置かれていることは事実である。

7 現場から⑤ 人身取引?!
――騙されて約束と違う仕事に就かされた

1 騙《だま》されて日本に出稼ぎに来た二人のスリランカ人

Aさん（男性）は、スリランカ国内にある人材斡旋《あっせん》会社の斡旋により、二〇一〇年一二月二五日、日本に入国した。

Aさんは、人材斡旋会社代表のXから「斡旋料として一八〇万ルピー（約一三五万円）を支払えば、日当六〇〇〇円、食事代一日二〇〇〇円（一日あたり計八〇〇〇円）の労働条件で、三年間日本で働くことができる」「仕事は鮮魚の解体・物流管理」「ビザは日本に入国後、一年（在留期間）のビザに切り替える」という申し出を受けた。

Aさんは「日本人なら信用できる」とXを信用し、また提示された労働条件なら「一八〇万ルピーを支払っても三年間働けば十分預金できる」と考え、銀行などから借金をし、Xに一八〇万ルピーを支払った。Xは Aさんの招聘《しょうへい》人となり、Aさんを日本に呼び寄せた（招聘人とは、親族・知人などを呼び寄せる手続きをする人のことである。なお、Aさんと後述するBさんが入国管理局に収容されたことからも明らかなとおり、Xが約束した「ビザの切り替え」は行われていない）。

その後、Aさんは、Xの紹介によりY社で就労することになった。Bさんも同じようないきさつで、二〇一一年一月二三日に日本に入国した。

2　入国後、入管に収容されるまでの経緯

AさんとBさんが日本に入国した日には、Xが羽田空港に迎えに来ている。二人はそれぞれXの用意した横浜のホテルに宿泊。その後、静岡県袋井市に移動し、XがY社社長を紹介した後、社長の車でY社に行っている。

Aさんは二〇一一年一月四日から、Bさんは同年一月二六日から就労を開始した。仕事の内容は、日本入国前にXから説明を受けたものとは全く異なっていた。彼らの仕事は、テレビ・洗濯機・冷蔵庫などの電気製品の解体と、解体後の鉄・銅・アルミ・レアメタルの分別であった。仕事場は露天だったため、雨の日は休業で、日曜日も休業日であった。

Y社は、AさんとBさんに対して、賃金は一日八〇〇〇円（食事代込み）と説明していたが、実際には二人が就労した各日に食事代として二〇〇〇円のみを支払っていた。ちなみに、彼らと同様の業務に従事していた日本人労働者の賃金は、一日八〇〇〇円から一万円であった。

このようにXが、AさんとBさんを騙して入国させ、Y社を斡旋して働かせた行為は、「人身取引」に該当すると思われる。この違法行為の結果、二人は、最低賃金をはるかに下回る日給二〇〇〇円で労

働させられ、多大な経済的・精神的損害を被った。しかもXは、虚偽の事実を二人に告げ、来日前に各一八〇スリランカルピー（約一三五万円）を詐取していたのである。

結局、二人は、同年七月二六日に入国管理局の立ち入り調査を受けるまで、Y社で日曜日と雨休日を除いて毎日、労務を提供した。そしてY社に入国管理局の立ち入り調査が入ると、AさんとBさんは不法滞在者として名古屋入管に収容されてしまった。

3　まずは〝人身取引被害者〟であると主張し、仮放免される

収容されたAさんとBさんに対しては退去強制手続きが進められ、九月頃に退去強制令書が発付され、大阪の西日本入国管理センターに移収された。

その後、外国人支援団体であるTRY（外国人労働者・難民と共に歩む会）という団体のメンバーが彼らに面会して事情を知り、西日本入国管理センターに対して、AさんとBさんが人身取引被害者であることを主張して交渉を行った結果、二〇一二年五月二四日に二人は仮放免された。

4　訴訟で未払賃金を取り戻す

二〇一三年三月一九日、AさんとBさんが原告となり、Y社に対して合計二七三万三八〇〇円の未払賃金及び残業代の支払いを、Xに対して一六五万円の損害賠償を請求する訴訟を静岡地方裁判所浜松支

部に提起した。

Xは、訴状送達先が不明だったので、公示送達という手続きを行い、一一月五日に一六五万円及び遅延損害金五％の支払いを命ずる請求全部認容の判決を得た。判決の理由として、Xの行為は、人身取引の規定に違反しないとしても、AさんとBさんに対する不法行為に該当する、とされていた。人身取引に該当するかどうかについて判断するまでもなく、明らかに不法行為に該当するという判断である。

Y社との関係では、一二月一六日、Y社が、Aさんに対し八〇万円、Bさんに対し七〇万円を分割で支払うという内容の和解が成立した。解決金額は、最低賃金で計算した賃金に、遅延損害金の半額強を加算して計算した。

Y社は分割で和解金を支払ったが、Xは行方《ゆくえ》不明で、判決が命じた金額を全く支払っていない。AさんとBさんは、Xの居所を突き止めて支払いを受けようとしていたが、その後、入管に収容され、強制送還されてしまった。

5　人身取引被害があり得るという認識を！

本件のように悪質なブローカーに騙されて出稼ぎ目的で入国し、不法就労をしてしまう外国人は少なくないと思われる。このようなケースの話は私もよく聞いていたが、実際に事件を受任したのは初めてであった。

人身取引の被害者は、被害者であることを認識していないことがある。そして、入国管理局、警察、労働基準監督署なども被害者であることを認識せず、入管法や刑法違反の被疑者として扱う場合が多い。

本件についても、入管は、AさんとBさんが人身取引の被害者であることを認識しておらず、不法滞在者として摘発し、退去強制令を発付して、強制送還しようとしていた。もし、そのまま強制送還されていたら、AさんとBさんは、一八〇万ルピーの借金だけが残り、更に多大な被害を受けていたはずである。人身取引の被害者であることは在留特別許可の理由になる事情であるのに（入管法五〇条一項三号）、これを看過した入管は反省すべきである。

本件の場合、西日本入国管理センターで面会活動を行っていた支援団体ＴＲＹが、彼らが人身取引被害者であることに気づいて支援したから、被害救済につながった。支援者も弁護士も、そして社会も、このような事案があり得ることを考慮して、支援に取り組む必要があることを銘記すべきであろう。

8 現場から⑥ 技能実習生が恐れる「強制帰国」

1 栃木イチゴ農園の強制帰国事件

二〇〇八年三月に撮影された「サワー・ストロベリーズ～知られざる日本の外国人労働者～」という日独合作のドキュメンタリー映画がある（監督・ティルマン・ケーニヒ、ダニエル・クレーマース）。この映画の最後に、栃木県のイチゴ農家で働いていた中国人研修生（二〇〇九年の技能実習制度改正前は、一年目が研修生とされていた）の男性五人が、農園（会社）と監理団体である協同組合によって無理やりに成田空港まで連行され、中国へ強制的に帰国させられそうになるシーンがある。

研修生たちは労働条件に不満を持ち、こっそりと労働組合に相談に行ったが、それが受け入れ機関に知られてしまった。二〇〇七年一二月九日の早朝、農園から解雇を通告され、「日本のポリスだ」と名乗る制服を着た屈強な男たちに連行され、自動車で成田空港まで連れて来られた。研修生からひそかに助けを求められた労働組合の役員らが成田空港で待ち受け、研修生らと制服の男たち、農園の社長、協同組合の理事長と遭遇した。

この遭遇のシーンが、映像で残っている。研修生たちは、「お願いします、お願いします」と頭を下げて何かを頼んでいる。これは、帰国したくない、日本に残りたいという意志の表明であろう。労働組合の役員は、「大丈夫。一緒に帰ろう」「落ち着いて。落ち着いて」と声をかけながら、研修生たちを制服の男たちから引き離そうとする。制服の男たちは、研修生の腕をつかんで離さない。労働組合の役員は、「手を放しなさい」「何で、つかんでいるんだ」と声を荒げる。制服の男たちは、黙って研修生たちの腕をつかみ続ける。後方に、社長と理事長の姿がみえる。

そのうち、騒ぎを聞いた空港警察が駆けつけ、双方から事情を聞く。制服の男たちは、実は、農園と協同組合に雇われた警備員であった。警備員が「ポリスだ」と詐称することも、人の腕をつかんで拘束することも明らかな違法行為である。(本物の)警察官が事情を聞いていくと、以前から、社長が研修生のパスポートを取り上げていたことが明らかになり、警察官も社長らの行為に問題があることを理解していく。結局、社長は、研修生らに帰国直前に渡すつもりだったパスポートを返却し、研修生たちは労働組合に保護されたのである。研修生たちは、労働組合が運営するシェルターで生活しながら農園と交渉して、未払賃金を支払わせた後に帰国した。

2 山梨事件

二〇〇八年八月二四日、山梨県のクリーニング会社で中国人女性技能実習生六人が、使用者に対し、長時間労働、低廉な残業代などの労働条件の改善を申し入れた二日後の早朝、就寝中の実習生の部屋に十数人が押しかけ、抵抗する実習生たちに暴行を加えるなどして、無理矢理車に乗せて、成田空港へ連れて行こうとする事件が起きた。実習生は途中、赤信号で停車中に窓から逃走をはかるなどして抵抗し、飛行機に間に合わなくなったため、一旦会社の寮に連れ戻され、監禁された。二日後、実習生三人は、また無理矢理車に乗せられ、成田空港まで連れて行かれて強制帰国させられた。

残る三人の実習生は逃亡したが、一人は逃亡の際、寮の二階から飛び降りて右足首を骨折した。他の二人は荷物も持たずに裸足で逃げ出し、追手から逃れるためにブドウ畑の中で一晩隠れ潜んだ。たまたまそこを通りかかった通行人に助けられた後、労働組合に保護された。その後、労働組合が会社の寮に赴き、骨折した一人を保護したのである。実習生三人は労働組合のシェルターで生活しながら、労働組合と共に会社と交渉し、未払賃金と賠償金を受け取って帰国した。

山梨の事件は中国では大きく報道され、中国政府も調査に乗り出した。しかし、日本では大きな報道はされていない。

3　時給三〇〇円でも、強姦されても我慢する理由

監理団体や受け入れ企業は実習生を強制帰国させる権限を有しているわけではない。暴行や脅迫により、実習生の意思に反して帰国させることは犯罪行為である。こういう犯罪行為は頻繁に行われているが、処罰されることはほとんどない。強制帰国させるために、違約金を請求すると脅したり、母国の送り出し機関が家族が安全ではいられないと脅迫することもある。

こうした強制帰国は、決して珍しいことではない。栃木のイチゴ農園事件や山梨事件は一〇年以上前のことである。その後、二回の技能実習制度改定が行われたが、強制帰国は現在も頻繁に行われている。裁判で強制帰国未遂の事実が認定され、監理団体の損害賠償責任が認められたこともある。二〇一八年には、ベトナム人技能実習生が会社に有給休暇を取りたいという希望を伝えたところ、強制帰国させられたという事件が報道されている。

技能実習生は、この強制帰国を何よりも恐れている。技能実習生は、自分の国で多額の渡航前費用を借金して送り出し機関に支払っている。日本で働いてこの借金を返済し、少しでもお金をためて持ち帰りたいと考えて、厳しい労働と生活に耐えているのである。もし強制帰国させられたら、お金を持ち帰るどころか、借金だけが残ってしまう。このため技能実習生は、「時給三〇〇円」といった低賃金、長時間労働、セクハラ、パワハラなどがあっても、文句をいわずに働くしかないと考えてしまうのである。

本章5で紹介したように、ある女性の研修生は、雇用主の農家の日本人男性から三回の強姦被害にあった。嫌で嫌でたまらなかったが、誰かに訴えれば、逆に自分が強制送還されてしまうかもしれないと考えて我慢した。しかし、ついに我慢ができなくなり、逃げ出して労働組合に保護された。

４　彼らの権利を守るには？

以前、私の事務所に、突然、北関東で働いていた中国人技能実習生四人が予約なしで相談に来たことがある。会社から賃金がきちんと支払われていないので、交渉してほしいという依頼であった。もちろん会社には秘密で、「今日は、東京に遊びに行く」といって仕事を休んできたとのことであった。私は、会社に戻れば強制帰国される可能性が高いと考え、その場で委任状をもらい、帰国後の連絡先も聞いておいた。

その約二週間後に実習生たちは強制的に帰国させられた。弁護士に相談に行ったことが会社に知れてしまったそうだ。暴行による強制帰国ではないが、「帰国しなければ、保証金を没収し、違約金も請求する」と脅されたとのことである。私は、会社に対して未払賃金などを請求する訴訟を提起し、会社が解決金を支払うという形で和解が成立した。私が強制帰国を予想していなかったら、彼らの権利は守られなかったであろう。

また、技能実習生が労災事故にあった場合にも、会社は労災申請を避け、また、民事賠償の責任を逃れるために強制帰国を行う。ある中国人男性の技能実習生は、手の指を二本失う労災にあい、その直後に強制帰国させられた。私は、彼を中国まで訪ねて二本の指を失った手を撮影し、会社に損害賠償を請求して支払わせた。

しかし、私が強制帰国させられた技能実習生たちの権利を守ることができたのは例外的な事例に過ぎない。多くのケースでは、技能実習生たちは泣き寝入りせざるを得ない。こんなことが、二一世紀の日本で現実に起こっているのである。技能実習制度は直ちに廃止すべきである。

9 外国人労働者受け入れ制度はどうあるべきか

ここまで、日本における外国人労働者の権利・人権侵害のリアルな実態の一端を紹介してきた。では、外国人労働者受け入れ制度はどうあるべきなのか、二〇一九年四月から始まった新たな労働者受け入れ制度（以下「新制度」という）も含めて検討してみたい。

1 ブローカー規制の必要性

外国人労働者が国境を越えて働こうとするとき、常に悪質なブローカーが介在し、中間搾取や人権侵害という危険がつきまとう。

日本の場合も、技能実習生の受け入れにおいて、送り出し機関が多額の渡航前費用を徴収し、また、日本で権利主張することを禁止・制限するルールを押しつける。さらに日本の監理団体は技能実習生一人あたり月三万円から五万円の管理費を受け入れ企業（実習実施機関）から徴収し、企業はその分、技能実習生の賃金を抑えることになる。留学生や日系人が職を求める場合にもブローカーが仲介に入る。

なぜ、このようなことが起こるのか？　労働者が国境を越えて移動し、受け入れ国での仕事を得るためには、何らかの支援が必要である。この支援を民間団体に任せ、何ら規制をしなければ、悪質なブローカーが暗躍し、外国人労働者を食い物にして莫大《ばくだい》な利益を上げることになるのである。しかし、新制度にも有効なブローカー規制はない。

一方、韓国は「雇用許可制」を設けて外国人労働者を受け入れているが、この制度の場合、韓国政府は送り出し国と二国間協定を結び、労働者の求人・求職を両国の政府が責任を持って行っている。これにより、外国人労働者は実費以上の費用を取られることはないし、雇用契約の内容を本人が確認できなかったり、騙されたりすることもない。

しかし、日本政府は新制度導入にあたって、雇用許可制については何ら検討をしなかった。こうした制度の導入によってブローカーが不利益を受けないように考慮したのであろうか。

雇用許可制のような二国間政府による求人・求職の制度を採用しないとすれば、悪質なブローカーによる中間搾取と人権侵害を防止するために強力な規制をする必要があるが、新制度には、そのような規制もない。

新制度は送り出し国のブローカーが、労働者から保証金を徴収することや、違約金契約を締結することは禁止しているが、肝心の渡航前費用を取ることについては何も規制していない。また日本国内においては、受け入れ企業の委託を受けて外国人労働者を支援する登録支援機関（技能実習制度における監理団体に相当する）が、外国人労働者から直接・間接に費用を徴収することを禁止しているだけで、受け入れ企業から受け取る委託料（技能実習制度の「管理費」に相当する）については何の制限もない。

受け入れ企業と外国人労働者の雇用契約においては、外国人労働者に対して日本人が従事する場合と同等以上の賃金を支払わなければならないことになっているが、何が日本人と「同等以上」なのかの基準は不明であり、実際には低賃金が横行する危険が大きい。また、雇用契約で約束された賃金が本当に支払われるかどうかもわからない。技能実習生の場合、「日本人と同等の賃金」を支払うこととされているが、ほとんどの技能実習生の賃金は最低賃金とほぼ同額であり、実際にはその賃金すら支払われない場合が多い。新制度下でも同じことが起こっている。

２　定住化の選択を可能にする

技能実習制度は、定住化につながらない外国人労働者受け入れ制度である。原則三年間、最大でも五年間で帰国しなければならず、家族帯同が禁止されている。家族と離れて単身で働き、期限が来たら必ず帰国しなければならない制度なのである。

日本側としては、各送り出し国で生まれ、育ち、一定の教育を受け、職業に従事してきた労働者を、家族と切り離して一定期間だけ日本で就労させてその労働力を活用しておきながら、必ず帰国させることで、帰国後の本人と家族の社会保障には何も責任を負わなくていいという制度なのである。まさに、使い捨ての制度である。

これは、実は、日本側にとっても不合理な制度である。日本で働いた技能実習生が、期限後にも日本で働き続けたいと望み、受け入れ企業もそれを望み、地域社会もその担い手として期待しているような場合でも必ず帰国しなければならないからである。定住化という選択肢を与えることは、労働者にとっても、企業にとっても、地域社会にとってもメリットがある。

また、新制度は特定技能一号と特定技能二号という在留資格を創設したが、特定技能一号は在留期間の上限が通算五年間で家族帯同が禁止されており、技能実習制度に極めて類似した受け入れ制度である。在留期間が通算五年（途中で帰国した場合には、日本での在留期間が通算で五年）となった時点で、必ず帰国しなければならないので、定住化することを選択できないのである。

これに対して、特定技能二号は在留期間の上限がなく、家族帯同も禁止されていない。まさに、定住化を選択できる在留資格だ。

外国人労働者の人権保障の観点からも、日本の企業や地域社会の担い手を確保していくという観点からも、定住化を選択できる特定技能二号は望ましい制度である。しかし残念ながら、特定技能一号の対象業種が一四業種で始まるのに対して、特定技能二号は建設と造船・舶用工業の二業種のみを対象としている。特定技能一号で日本に来た外国人労働者が数年後に特定技能二号に移行することができるように、特定技能二号も一号と同じ一四業種まで範囲を拡大すべきである。

3 多文化共生政策の必要性

スイスの作家であるマックス・フリッシュは、「我々は労働力を呼んだが、やってきたのは人間だった」といった。労働力は生きた人間が担っており、その担い手には喜怒哀楽があり、友人をつくり、恋愛をし、結婚をし、出産をしたりするものである。民族的アイデンティティを持ち、自らの言語と文化を持っている。そういう外国人を日本社会として受け入れていく覚悟を持つことから始めなければならない。日本の住民の側にも、多様な言語と文化を持った外国人を受け入れ、ともに暮らしていくための変化が求められるだろう。

そして、日本に来た外国人労働者に対しては、日本語と日本文化について学ぶ機会を保障し、また、自らの言語と文化を保持することを尊重する必要もある。

このような多文化共生の理念を確認し、また、外国人の教育、医療、社会保障、法的アクセスや差別禁止などの諸政策を進めるための多文化共生基本法が必要であり、また、多文化共生庁のような専門の官庁をつくる必要もあると考える。

10　外国人労働者の権利救済のためにすべきこと

本章の最後に、外国人労働者の権利救済のために何をすべきかについて考えてみる。

1　労働組合による取組

外国人労働者の権利を守るのは、本来、誰の責任か。

日本国憲法二七条一項は、国が勤労者の労働条件の最低基準を決めるよう求め、二八条で勤労者が労働組合を結成し、使用者と団体交渉をし、争議行為をする権利を保障している。つまり、国が労働条件の最低基準を法令で定めることによって労働者の権利を守り、さらに、労働者の権利を実現し、前進させるための組織として労働組合を想定している。外国人労働者の権利を守ることも、憲法上、労働組合に最も期待されているといってよいだろう。

これまで、日本の労働組合による外国人労働者の相談対応、権利救済の支援、そして組織化は十分に取り組まれてきたとはいえない。少数の良心的な労働組合によって地道に取り組まれ、多くの先駆的な教訓を得てきているが、いまだに日本の労働組合全体の取組とはなっていない。今後は、これをしっかりと行う必要がある。

特定技能一号労働者に対する支援は、受け入れ企業か受け入れ企業から委託を受けた登録支援機関がすることとなっているが、なぜ、ここで労働組合の役割が語られないのか不思議でならない。同じことは、技能実習生に対する支援についてもいえることである。

労働組合が外国人労働者支援に取り組むうえで課題になるのは、言語と在留資格の問題である。日本語によるコミュニケーションが十分にできない外国人労働者を支援し、組織化するには、その言語の通訳か、その言語を使いこなすことができる支援者・組織者が必要である。また、在留資格が不安定だったり、在留資格についての問題が生ずる可能性のある外国人労働者を支援するには、在留資格についての知識と問題解決能力が必要だ。

外国人労働者の支援・組織化の分野で成果を上げている労働組合には、支援・組織化の対象となる労働者の言語を使いこなすことができる支援者・組織者を確保していることが多い。あるいは、労働者の支援や組織化について理解し、これを援助することのできる通訳を確保している。こうした支援者・組織者・通訳は、在留資格の問題についても一定の知識と問題解決能力を持っている。

これから外国人労働者の支援・組織化に取り組む労働組合は、こうした人材を確保したり、育てていく必要があるだろう。

2　外国人労働者事件への取組と政策提案活動

外国人労働者への人権・権利侵害に対しては、労働組合、ＮＧＯ、弁護士などが支援して、その救済に取り組む必要がある。交渉によって解決できる場合もあるだろうが、それができない場合には、争議行為、労働審判や訴訟によって人権・権利の救済に取り組まなければならない。その積み重ねが、法令を破る悪質な使用者やブローカーに対する社会的制裁となり、外国人労働者への人権・権利侵害を減らしていく力にもなる。

しかし、各個別の事件を解決していくだけでは、社会における問題の解決はできない。各個別の事件の解決に取り組んだ労働組合、ＮＧＯ、弁護士は、その経験に基づいて、法制度や政策について提案していく活動を行わなければならない。いわゆるアドボカシー活動である。

二〇一八年の臨時国会における入管法案の審議は拙速で中身の薄いものであったが、野党合同ヒアリングで多くの技能実習生から人権・権利侵害の実態が聴取され、また、参考人意見陳述と質疑ではこの問題について多くの事件に取り組んできた専門家から話を聴くことで、入管法の問題点を明らかにすることができた。また、マスコミの報道も、多くの事件に取り組んできた労働組合、ＮＧＯ、弁護士による情報発信の拠点になっていった。個別事件への取組と、政策提案活動を結合することが大事だ。

3　企業に外国人労働者の権利を守らせる活動

二〇一一年、国連人権理事会で「ビジネスと人権に関する指導原則」が採択され、「人権を尊重する企業の責任」が確認された。この原則は、全世界の企業に対して直接の法的拘束力を及ぼすものではないが、全世界の企業が守らなければならない原則であるとされている。これを守らない企業は、法律により制裁を受けるわけではないが、社会的批判にさらされることによって、消費者や投資家などのステークホルダーから見放されるリスクを負うことになる。また、イギリスでサプライチェーン（供給元）における奴隷労働と人身取引を排除するために取引状況の開示を義務づける現代奴隷法が制定されるなど、「原則」に基づき法的な規制を及ぼす動きも各国で進んでいる。

この原則は、日本でも外国人労働者の権利救済に活用できるものだ。二〇一七年一二月、縫製業で働く技能実習生に対する中小企業による賃金不払いの報道で、その企業の間接的な供給先のブランドの大企業の社会的責任を問う内容の報道がなされた。大企業の名前は報道されなかったが、そのブランドのタグが撮影されて放送されたため、インターネット上でこの企業の名前が暴露され、批判するコメントが多く書き込まれた。その結果、この企業は改善の取組を約束し、謝罪をするに至った。

また、二〇一八年一二月には、衣料品大手の「しまむら」がすべての取引先企業に対して、技能実習生への人権侵害がないように求める通知を出すことを決めたと報道された（二〇一八年一二月五日の日経新聞（電子版））。同社で人権侵害があったわけではなく「取引先の下請け企業キングスタイル（岐阜市）で働いていたミャンマー人技能実習生五人が違法に働かされたり、人権侵害を受けていたりした」という。上をたどっていくと、その一つにしまむらがあり、労働組合がしまむらに対して「しまむらの取引先で二度とこういうことが起こらないよう調査と法令順守を取引先に要請してほしい」「企業の社会的責任としてやるべきだ」と申し入れたところ、同社がそれに応じて通知を出したという話だ。こうしたことが日本の企業社会の中で常識になっていくことで、外国人労働者だけでなく様々な人権侵害を防止していく一つの力になることを強く願う。

これまで、中小企業で外国人労働者に対する人権・権利侵害がなされても、その取引先である大企業にはほとんど責任追及がなされてこなかったし、たとえされたとしても、法的責任がないというだけで免罪されてきた。しかし、「人権を尊重する企業の責任」という原則のもとでは、取引先企業に法的責任がなくても社会的責任は問われ得るのであり、問われなければならない。

労働組合、ＮＧＯやマスコミは、「ビジネスと人権に関する指導原則」を活用して、大企業の社会的責任を追及し、大企業が取引先企業における外国人労働者への人権侵害を防止するための努力を行うような状況をつくり上げていく必要がある。

第2章　入管政策と人権

1　入管収容の現場で
――外国人には人権がない?!

現在の入管行政には根本的な問題がある。それは、外国人の人権を実質的には認めていないことだ。外国人の人権を一応形式上は認めるが、それは「在留制度の枠内」で認められるに過ぎず、人権よりも在留制度のほうが上という時代錯誤の思想によって入管行政は行われている。これは、「外国人の人権は在留制度の枠内で認められるに過ぎない」とした一九七八年の最高裁判決（マクリーン事件・最高裁大法廷判決一九七八年一〇月四日）を踏襲したものである。

第2章では、入管行政の問題点について、具体例も交えて述べていきたい。

1　「収容令書」による収容と「即日仮放免」

日本に在留している外国人について退去強制の事由があると判断されると「収容令書」という文書が

発付される。退去強制の事由には、不法残留、不法入国、不法就労助長行為、資格外活動や刑罰法令違反などがある。収容令書が発付されると、原則として、全員が出入国在留管理局（以下、「入管」という）に収容される。これを、「全件収容主義」という。そして、特別な事情を入管が認めた場合にだけ、仮放免という形で収容から解放されるのである。

なお、収容と同時に仮放免し、実際には収容されないケースもある。これを「即日仮放免」という。例えば、在留資格がない状態で不法に日本に残留している外国人が入管や警察に摘発された場合には、収容令書が発付されて、収容される。しかし、不法残留者が自ら出頭した場合、不法残留以外の退去強制事由がなければ、「即日仮放免」がなされる。

このため、不法残留者が日本人や永住者と結婚した場合、摘発される前に自ら入管に出頭し、即日仮放免を得ようとすることが多い。ところが、出頭するために入管に向かう途中で、警察から職務質問を受けて逮捕された後に警察から入管に移送された場合は、自ら出頭したものとはみなされず、収容されてしまう。

東京入管の最寄り駅は品川駅であるが、なぜか、品川駅では外国人への警察の職務質問が頻繁に行われており、入管に自ら出頭しようとしている不法滞在者が逮捕されてしまうことが多い。これを避けるため、私は、こうした不法滞在者には、品川駅を経由せず、別の駅で下車して東京入管にタクシーで向かうようにアドバイスをしている。

品川駅での警察の外国人への職務質問は、少なくとも、出頭しようとしている不法滞在者については、まったく意味がないと思われる。また、そのような状況がわかっているのに、即日仮放免を認めない東京入管の機械的な対応にも問題がある。しかし、こういうことは入管業務では日常茶飯事であり、批判したからといって入管では受け入れられない。

2　裁判官のチェックがない?!

収容令書による収容は原則二〇日以内で、もう三〇日を限度に延長できる。退去強制処分をするかどうかの判断は、通常、この収容期間内になされる。収容期間内に判断が出せない場合は、収容を続ける法的根拠がなくなり、対象者を収容から解放しなければならなくなるからである。

驚くべきことに、人の身柄を拘束する重大な行為である収容は、刑事手続で求められているような裁判官のチェックは全く経ずに行われる。

刑事手続の場合、犯罪の嫌疑と逮捕の必要があると裁判官が判断したときだけ、逮捕令状が出される。入管収容の場合は、入国警備官という入管職員が退去強制事由の容疑があると考えて請求すれば、主任審査官により収容令書が発付され、収容ができるのである。つまり、司法機関等の第三者ではなく、入管内部だけで判断でき、しかも、収容の必要性については審査がされないのである。逃亡のおそれもなく、容疑者が入管の呼び出しに応じて出頭することを誓約しているような場合にも、収容令書は発付される。そして、「全件収容」がなされるのである。

未成年、妊婦、小さな子どもを一人で育てている親についても収容は可能であり、実際に収容がなされることもあった。小さな子どものいる親を収容し、子どもは児童相談所に引き渡すというようなこともあった。もっとも、さすがにこのような収容は社会的な批判が強いため、最近はあまり行われなくなっている。しかし、今でも可能性がないとはいえない。

3 「退去強制令書」の収容は無期限

退去強制手続きを経て、退去強制事由がないと判断されたり、在留特別許可が付与された場合には、もちろん、その外国人は収容を解かれる。逆に、退去強制事由があると判断され、在留特別許可が付与されない場合には、「退去強制令書」が発付され、これにもとづいて収容される。

驚くべきことに、この退去強制令書にもとづく収容には期限がない。何か月でも、何年でも、理屈の上では何十年でも、収容を続けることができるのだ。刑事事件でいえば、すべてが無期懲役のようなものである。念のために述べておくが、この収容は刑罰ではない。あくまでも、強制送還をするための措置としての収容なのである。

実際には、本人の意思に反して無理やり強制送還するということはあまり行われない。本人があきらめて、自分で帰国費用を払って帰るのを待っているのである。長期収容は、本人が自分で帰国費用を払って帰国するように促すための手段として使われている。

しかし、外国人に日本人や永住者の配偶者がいたり、日本で養育する必要のある子どもがいたり、出身国に帰国すると政府から抑圧を受ける危険があったり、長期間在留したため生活基盤が日本にあるような場合は、どんなに長期収容されても帰国できない。こういう場合に、無理やり強制送還が行われることもあるが、それが行われない場合には、入管は「仮放免」という措置により、被収容者を収容から解放する。

帰国できない事情がある被収容者は、仮放免の申請を行って、一日も早く解放されることを望んでいる。しかし、被収容者が重い病気にでもならない限り、退去強制令書発付後六か月間は仮放免されない。収容が二年程度まで及ぶことも珍しくない。退去強制令書にもとづく収容は無期限だから、長期収容をするために何の理由も手続きも必要ではない。

長い間収容されると、ほとんどの被収容者はストレスなどで病気にかかる。この収容者の医療の問題は、本章9で取り上げる。

2 就労禁止！ 再収容を恐れる仮放免者の生活

1 定期的に義務付けられる出頭

退去強制令書が発付され長期間収容されても帰国しない外国人に対しては、「仮放免」の許可が出され、保証金を支払って入管の外で生活ができる。保証金は、ケースにもよるが二〇万円から三〇万円程度が多い。逃亡したら保証金は没収され、就労禁止など仮放免の条件に違反した場合には保証金の半額が没収される。

仮放免許可の期間は原則として一か月から二か月で、期間満了時には仮放免許可の更新を受けるために管轄する入管に出頭しなければならない。例えば、東京出入国在留管理局の場合、東京都、神奈川県、埼玉県、千葉県、茨城県、栃木県、群馬県、山梨県、長野県、新潟県を管轄しているから、この地域に居住する仮放免者は、毎月あるいは隔月で東京出入国在留管理局に出頭しなければならないのである。なお、神奈川県に居住している場合は、東京出入国在留管理局横浜支局に出頭することになっている。出頭すれば、「裁判をやっても勝てない」「在留特別許可など出るはずがない」などといわれ、「早く国に帰りなさい」と強く促される。仮放免が更新されるという保証はなく、場合によっては、そのまま再収容をされてしまう可能性もある。

遠方に居住する者にとっては、出頭すること自体が大きな負担になっている。

２　就労禁止

仮放免者は働くことが禁止されている。配偶者や親などが扶養してくれて働かなくても生活できる者もいるが、単身者だったり、結婚していても共働きをしなければ生活ができない者も多い。そのような事情はすべて無視されて、すべての仮放免者は就労が禁止されている。

就労が発覚すれば、仮放免は取り消され、再収容される。それでも、ほかに収入の道がない者は隠れて働かざるを得ない。かつて入管は、働いていることを知っていながら見逃しているような状況であった。ところが現在は、自宅を訪問したり、自宅周辺で聞き込みをしたり、尾行をしたりして、就労していることを突き止めて、再収容をしているのである。

現実的な問題として、収入の道がない者に対して就労を禁止するということは、飢え死にしろということだ。彼ら、彼女らは、生活保護を受給することもできない。在留資格のない仮放免者には、「健康で文化的な生活を営む権利」（憲法二五条一項）は保障されていないのである。

３　居住する都道府県から許可なく出られない

仮放免者が住んでいる都道府県から出るときには、入管の「旅行」許可を受けなければならない。しかし、遊びに行く、友人に会いに行くという理由では「旅行」は許可されないことがある。県境に住んでいるような場合、県境を越えたすぐ近くのスーパーマーケットで安売りをしていても、「旅行」許可がないため、そこには行けないのである。

高校生の仮放免者が、修学旅行に行くときに「旅行」許可を取らなかったことがあった。学校の公式行事だから、許可は不要と考え、許可申請をしなかったのである。彼女は、退去強制令書取消請求訴訟の原告尋問において、国の代理人から、無許可で「旅行」をしたことについて厳しく詰問され、目に涙を浮かべていた。

また、友人と旅行に行きたいとして「旅行」許可の申請をしたが、許可が得られず無許可で県外に旅行に行った仮放免者がいた。彼女は、偶然のトラブルに巻き込まれて旅行のことが入管に知られてしまい、仮放免を取り消され、再収容されてしまった。彼女は、二度目の長期収容に耐えられず、日本人の夫を残して母国に帰国してしまった（本章③で詳述するが、日本人の夫がいても、子どもがいない場合は在留特別許可を得られないことがある）。

また、住所変更の場合も届け出が厳格に要求されている。引っ越しをしてすぐに住所変更の届けをせず、その次の入管出頭日に報告をしたケースがある。届け出が一週間程度遅れただけだが、仮放免条件違反として、仮放免を取り消され、再収容されてしまった。

4　健康保険に加入できない

仮放免者には在留資格がないため、国民健康保険に加入できない。このため病院で治療を受ける場合、全額が自己負担になる。しかも、自由診療となるため、医療費が通常の保険診療の一・五倍から二倍程度になる。つまり、自己負担金額で比較すると、保険診療の場合の約五倍から七倍になるのである。

癌《がん》や心臓疾患、失明のおそれのある糖尿病に罹患《りかん》しているにもかかわらず、手術を受けられないというケースもある。癌と心臓疾患に罹患し、癌の手術が必要だったある仮放免者は、直ちに在留特別許可を出すか、入管に収容して入管の費用で手術をするように入管に迫ったが、入管は何も答えなかった。彼は、病院と交渉して、特別に無料で手術をしてもらったが、完治はしておらず、再手術が必要である。しかし、再手術のめどはたっていない。失明のおそれのある糖尿病に罹患している仮放免者のケースでも、手術のめどは立っておらず、彼女は失明の恐怖に苛《さいな》まれながら生活を送っている。

なお、配偶者が働いていて健康保険に加入している場合には、被扶養者として健康保険を利用することはできる。しかし、配偶者がいても、様々な理由で健康保険に加入できていないケースも多い。

5　再収容の恐怖

許可なく都道府県外に出たことや就労したことが入管に知られると、仮放免が取り消され、再収容される。このような違反がなくても、仮放免が取り消され、再び収容されることもある。再収容することで、自費で帰国させるためである。

再収容された外国人から、「一度目の収容よりも、二度目の収容のほうが精神的に耐えがたい。一度目は、これからどれほど苦しいのかがわからなかったから何とか頑張れた。二度目は、これからの苦しさが予想できるため、頑張る気力が失せてしまう」という話を聞いたことがある。彼女は、再収容の困難と闘い続けることができず、日本人の夫を置いて、母国に帰国してしまった。その際入管は、「いったん帰国すれば、日本人の夫がいるのだから、しばらく期間を置けば再入国ができるはず」といっていた。今、彼女は再入国の手続きをしているが、入管は二度目の不許可を出しており、約二年半が経過しているが再入国は果たせていない。

いつ再収容されるかわからないという恐怖は、仮放免者の生活につきまとっている。その恐怖に耐えながら、仮放免者は、在留特別許可が得られる日を心待ちにして生活しているのである。

3 在留特別許可の難しさ

1 在留特別許可とは

在留資格がないのに日本に滞在している外国人には、退去強制手続きが行われる。この手続きの中で、在留資格がないと確認されれば、原則として、退去強制令書が発付され、強制送還の対象になる。ところが、在留資格がないことが確認されても、日本人や永住者の外国人と結婚しているような場合には、人道上の理由から、例外的に、法務大臣が在留を特別に許可することがある。これが在留特別許可（在特）という制度である。

在留特別許可が得られれば、その外国人は日本に適法に滞在することができる。日本人と結婚しているケースであれば、「日本人の配偶者等」という在留資格を得ることができる。在留特別許可は通常は一年間の在留資格であるが、更新することもできるから、将来は、「永住」の在留資格を得られる可能性もある。

入国管理局は「在留特別許可に係るガイドライン」（在特ガイドライン）という文書を出していて、在留特別許可の可否の判断において、どういう事情を積極的に考慮し、どういう事情を消極的に考慮するかを示している。

例えば、特に考慮する積極要素としては、

① その外国人が日本人の子又は特別永住者（いわゆる在日韓国・朝鮮人・台湾人）の子であること

② その外国人が日本人又は特別永住者との間に生まれた子を扶養していて、その子が未成年でかつ未婚であり、その外国人がその子の親権を有していて、日本で相当期間同居の上、監護及び養育していること

③ その外国人が日本人又は特別永住者と婚姻しており、夫婦として相当期間共同生活し、相互に協力して扶助しており、婚姻が安定かつ成熟していること

などが挙げられている。

また、その他の積極要素としては、

① その外国人が永住者と婚姻しており、夫婦として相当期間共同生活し、相互に協力して扶助しており、婚姻が安定かつ成熟していること

② その外国人が、日本での滞在期間が長期間に及び、日本への定着性が認められること

③ その他人道的配慮を必要とするなど特別な事情があること

などが挙げられている。

一方、特に考慮する消極要素としては、

① 重大犯罪等により刑に処せられたことがあること

②　出入国管理行政の根幹に関わる違反又は反社会性の高い違反をしたことが挙げられている。

いったん退去強制令書が発付されてしまっても、その後の事情変更等を踏まえて、法務大臣に再審査を求め、在留特別許可が得られることがある。これを再審情願ないし再審という（以下、「再審情願」という）。退去強制手続きのときには、日本人との婚姻が成立していなかったが、その後、正式に日本人と結婚し、再審情願の手続きで「日本人の配偶者等」の在留資格を得たというケースは数多くある。再審情願は、入管法に明文の規定のある制度ではないため、法務大臣はこれに応ずる義務がないとされているが、実務上は、入管はこれを審査して、一定期間経過後に在留特別許可の可否について回答している。

2　日本人や永住者等と結婚している外国人に対する在留特別許可

在留資格のない外国人の中には日本人や永住者の外国人と結婚している人も多い。前述のように、在特ガイドラインでは、このようなケースについて、在留特別許可の可否の判断において、考慮するべき積極要素であるとしている。日本人や特別永住者と結婚している場合は「特に考慮する積極要素」、永住者や定住者と結婚している場合は「その他の考慮する積極要素」となる。

ただし、積極要素とされるためには二つの条件がある。

一つは「夫婦として相当期間共同生活をし、相互に協力して扶助していること」であり、二つ目は「夫婦の間に子がいるなど、婚姻が安定かつ成熟していること」である。

一つ目の条件で問題なのは、夫婦が単身赴任などの理由により別居している場合には、「共同生活」をしていると認めないことだ。通勤の便宜のため、仕事のある日は家族と別のところに夫婦のどちらかが住み、仕事がない日は家族と一緒に住んでいるようなケースでも、「共同生活」が否定されることがある。夫婦が別居していることは珍しいことではなく、よくあることである。毎日、同じ家で寝起きをしていなければ「共同生活」をしていないという判断には納得できない。夫婦の実態がない別居のケースがあることは事実だが、別居していたら必ず夫婦の実態がないとはいえない。

二つ目の条件で問題なのは、子どもがいない場合には、「婚姻が安定かつ成熟している」と認められにくいことである。この条件の文言をそのまま素直に読めば、「夫婦の間に子がいる」ことは例示に過ぎないのだが、子どもがいなければ「婚姻が安定かつ成熟している」とは認められにくい。特に、子どもがいない状況で再審情願をしたようなケースでは、ほとんど認められないのが現状だ。二〇年以上一緒に暮らしているようなケースでも、子どもがいなければ、「婚姻が安定かつ成熟している」とは認められないことが多いのである。

夫婦が同居していて子どもがいる、というケースにしか在留特別許可を認めない入管の判断は、夫婦についての古い固定的な観念に基づいて判断をしているようで、実態に合っていない。

結婚は多様であり、どんな形の結婚も尊重されなければならないはずである。子どもを産み育てる婚姻もあるし、子どもを産まない婚姻もある。若い時の婚姻もあれば、中高年になってからの婚姻もある。子どものいない婚姻を、「安定かつ成熟」していないと決めつけることはできないはずだ。

また、日本人や特別永住者が配偶者である場合と、永住者や定住者が配偶者である場合では、在留特別許可の認められやすさには大きな違いがある。再審情願のケースでは、日本人が配偶者の場合、子どもがいない場合でも認められることがまれにあるが、永住者が配偶者の場合は、ほとんど認められない。このような区別にも問題がある。

配偶者が日本人か永住者かをそこまで区別する理由は何だろう。永住者といえども外国人であり、いつ出身国に戻るかもしれず、定着性が日本人と同じではないという考えがあるのだろう。これは国際化された現在の日本にはそぐわない考え方であり、国籍に基づく差別なのではないか。日本人であっても、外国に移住する可能性はある。制度上、日本人と永住者を全く違う存在として扱うようなことは許されない。

4 生まれも育ちも日本。でも在留資格がない！

1　日本で生まれた外国人の在留資格

日本で生まれた外国人の在留資格はどうなるのだろうか？

まず、出生の時に父または母が日本国民であれば日本国籍を取得できるが、父も母も外国人であれば、日本国籍は取得できない（血統主義）。国によっては、その国で生まれたことによって、国籍を取得する国もあるが（生地主義）、日本は違う。

外国人の場合、生まれたばかりの子どもには在留資格がない。そして、日本に在留し続けようとするならば、三〇日以内に在留資格取得申請を行わなければならない。この申請を行わずに、出生から六〇日を超えれば子どもは不法残留になり、退去強制が明示されることになる。

在留資格を有する外国人の親から出生した子どもの場合は、在留資格取得を申請すれば在留資格が付与されることが多い。例えば、永住者の親から出生した子どもの場合には永住者の配偶者等の在留資格が、技術・人文知識・国際業務等の就労系の在留資格を有する親の子どもの場合には家族滞在の在留資格が与えられる。

問題は、在留資格がない外国人の親から出生した子どもの場合である。この場合は、申請しても在留資格は与えられないし、通常、申請自体が行われない。子どもは親を選んで生まれてくるわけではないのだから、子どもには何も責任はない。また、出生から三〇日以内に本人が申請できるわけはなく、申請しなかったことについても本人には責任はない。しかし、入管は、このような子どもが成長してから在留資格の申請をしても、原則として認めないのである。

２　子どもが小中学校に在学している場合の在留特別許可

もっとも入管も、こういう子どもとこれを養育する外国人親を救済するために在留特別許可を認めることはある。

在留特別許可ガイドラインの「特に考慮する積極要素」の⑷として、「当該外国人が、本邦の初等・中等教育機関（母国語による教育を行っている教育機関を除く。）に在学し相当期間本邦に在住している実子と同居し、当該実子を監護及び養育していること」という事由が挙げられている。

また、ガイドラインの「『在留特別許可方向』で検討する例」として「当該外国人が、本邦で出生し一〇年以上にわたって本邦に在住している小中学校に在学している実子を同居した上で監護及び養育していて、不法残留である旨を地方入国管理官署に自ら申告し、かつ当該外国人親子が他の法令違反がないなどの在留の状況に特段の問題がないと認められること」という記述もある。

しかし、このような場合でも、親に法律違反などの消極要素があれば、子どもにも在留特別許可は認められないし、親に消極要素がない場合でも、在留特別許可が必ず認められるわけでもない。そして、子どもが後期中等教育である高校を卒業してしまえば、この事由に該当しなくなってしまうのである。

3　日本生まれのタイ人中学生に国外退去命令

具体例を挙げよう。

ウォン・ウティナン君は、二〇〇〇年一月二一日、山梨県でタイ人の両親の間の子として生まれた。彼の両親は結婚しておらず、二〜三年後に別れている。母には在留資格がなく、ウティナン君の在留資格取得の手続きも行わなかった。そのためウティナン君は、ずっと不法滞在という状態で、日本で生活してきた。

ウティナン君は、ずっと学校にも行かずに生活してきたが、二〇一三年四月から中学校二年生に編入し、以降は学校に通うようになった。そして同年八月二三日、ウティナン君と母は、東京入管に自ら出頭し、不法残留をしてきたことを申告し、在留特別許可を付与することを求めた。

これに対し東京入管は、二〇一四年八月一日、ウティナン君と母に対して在留特別許可を付与しないという裁決を通知し（「裁決通知」）、国外に退去させるという命令書を発付するという処分（「退去強制令書発布処分」）をした。

このため二〇一五年一月三〇日、ウティナン君と母は、東京地裁に、裁決通知と退去強制令書発布処分の取消しを求める訴訟を提起した。

二〇一六年六月三〇日、東京地裁民事五一部（岩井伸晃裁判長）は、ウティナン君と母の請求を棄却した。判決は、「在留資格の取得許可を受けなかったことについて、原告子（ウティナン君）自身に帰責事由がなかったとしても、そのことは上記の判断においてしんしゃくされ得る事情の一つにとどまり、入管法上、そのことをもって上記の判断に関する裁量権の行使が制約を受けるものということはできない。」としている。また、ウティナン君がタイに帰国した場合、「その適応の過程において一定の困難を伴う可能性があることは否定し難い」ことや、「二年次から編入した中学校の生活には相応に順応していた」ことなどを認めながらも、本件裁決は「法務大臣等に与えられた裁量権の範囲を逸脱し又はこれを濫用してされたものとまでは認めがたい」と判断している。

ただ、この判決には、奇妙なただし書きがつけられていた。それは、「仮に、今後、原告母が本国に送還された後も原告母に代わって原告子の監護養育を担う監護者となり得る者が現れてそのような支援の態勢が築かれ、原告子自身も本国に帰国する母と離れても日本での生活を続けることを希望するなどの状況の変化が生じた場合は、そのような状況の変化を踏まえ、再審情願の審査等を通じて、原告子に対する在留特別許可の許否につき改めて再検討が行われる余地があり得るものと考えられるところである。」というものである。

この判決を受けて、母はタイへの帰国を決め、二〇一六年七月一四日、ウティナン君だけが東京高裁に控訴をした。ウティナン君の監護養育等の態勢が築かれ、同年九月一五日に母はタイへ帰国した。判決が母と子を引き裂いたのである。

同年一二月六日の東京高裁判決は、東京地裁の判断を支持し、ウティナン君の控訴を棄却した。母が断腸の思いで帰国したことは考慮されなかった。

ウティナン君は、東京高裁判決を不服として上告したが、その後、上告を取り下げ、判決は確定した。その後、入管に対して在留特別許可付与を求める再審情願申立ての手続きを行い、二〇一七年一二月一四日、在留特別許可を得た。

ウティナン君は、一審の最終意見陳述で次のように述べている。

「僕は日本で生まれて育ったので、日本のことしか知りません。どうして僕が日本に居られないのでしょうか？　何か悪いことをしたのなら、教えてほしいと思います。僕が生まれたことは悪いことだったのでしょうか？　どうか僕のことを認めてほしいと思います。」

これは、彼だけの問題ではない。日本には、ほかにも同じような事情で在留資格のない多くの高校生や大学生がいる。

5 現場から① 適法に在留することも出国もできない
――宙に浮いたスリランカ人

1 別人宛ての退去強制令書で収容

二〇一七年七月六日、東京入管はスリランカ人D氏（一九八二年生まれの男性）を収容した。収容の根拠は、二〇一〇年一二月一四日に発付されたスリランカ人C氏（一九七五年生まれの男性）宛ての退去強制令書である。

D氏とC氏は、名前も生年月日も違う別人である。C氏は、スリランカから出国したことがなく、もちろん、日本に来たこともない。しかし東京入管は、今、日本に滞在し、収容されているのは「一九七五年生まれのスリランカ人C」であると主張して、別人のD氏を収容しているのである。D氏が「一九八二年生まれのスリランカ人D」であることは、スリランカ政府がD名義の旅券（パスポート）を発行し、D氏に交付していることからも明らかなのに、である。

二〇一七年八月八日、D氏は、自らに対する収容は、別人に対する退去強制令書に基づくものであり、法令に基づかないものであることを理由に、釈放を求めて東京地裁に人身保護請求を行った（東京地裁民事第九部平成二九年（人）第一一号）。

2　東京入管が誤認した理由

なぜ、このような事態が生じたのか？

実は、一九九八年九月一四日、D氏は、「一九七五年生まれのスリランカ人C」名義の偽名の旅券を所持して、在留資格を持たないまま日本に入国し、二〇〇八年八月二五日、C氏として強制送還されていた。この段階で、入国管理局は、D氏をC氏と認識していた。

二〇一〇年一一月四日、D氏は、「一九八二年生まれのスリランカ人D」として日本に入国した。D氏は来日後に日本人とのトラブルに巻き込まれて、同月二五日に、不法入国の疑いで警察に連行され、同年一二月二四日、偽名Dで入国したことが入管法に違反するという理由で起訴され、二〇一一年四月七日、千葉地裁で懲役二年の実刑判決が言い渡され、横浜刑務所で服役した。

D氏は、当初、自分の本名はDであり、今回は偽名で入国したわけではないと主張したが、入管職員や警察官から、それを主張しないように説得された。入管がこのような説得をしたのは、最初の出入国の手続が間違っていたことを認めたくなかったからだと思われる。つまり、入管が面子にこだわったということである。これに警察も歩調を合わせたのだろう。また、D氏は、刑事裁判では執行猶予が付くので、判決が出たら帰国すればよいのだから、実質的には不利益ではないともいわれた。そのためD氏は、やむなく偽名で入国したという虚偽の自白をしたのである。実刑判決を受けて、刑務所に収監された後に、D氏は、自分はCではなくDであると再び主張した。

二〇一三年二月六日、刑期を終えたD氏は東京入管に移され、同日、退去強制令書が発布された後、同年一一月一日に仮放免された。二〇一五年一〇月二七日、スリランカ大使館は、スリランカ政府の調査に基づき、D氏は「一九七五年生まれのスリランカ人C」ではなく、「一九八二年生まれのスリランカ人D」であることを認めて、パスポートを再交付し、二〇一七年一月二五日付文書で、その事情を説明する文書を東京入管に送付している。

ところが東京入管は、二〇一七年七月六日にまたしてもD氏をCとして収容したのである。

3　裁判所も東京入管の判断を追認

スリランカ政府の判断と異なる東京入管の判断を、裁判所も追認している。

二〇一三年七月三一日、D氏は①入管法違反の認定が無効であることの確認、②退去強制令書発布処分が無効であることの確認、③原告に在留特別許可を出すこと（義務付け）を求めて、東京地裁に提訴した（民事三部・平成二五年（行ウ）四八一号事件）。

三年間に及ぶ審理の中で、D氏は、在日本スリランカ大使館から再交付を受けたD名義の旅券や出生証明書、C氏の身分証明書や運転免許証などを提出した。元々、D氏はC氏と面識はなかったが、D氏の家族がスリランカでC氏を探し出して、協力を求めて身分証明書等を提出することができたのである。

二〇一六年七月二〇日、東京地裁民事三部（舘内比佐志裁判長）は、原告の請求を一部却下（内容を検討することなく退けられる）し、それ以外を棄却（内容を検討後、退けられる）した。判決は、その理由として、「本件において、原告の身分事項や今回旅券に関するスリランカ大使館の対応は、一貫性を欠いたものといわざるを得ない」、「原告への今回旅券の返却についても、…スリランカ大使館等において、原告がDであることを十分な根拠に基づいて判断したうえでされたものとまで言うことも困難である」などと述べている。なお、舘内裁判長は、二〇一七年七月から法務省に出向し、訟務局長を務めている。訟務局長というのは、行政訴訟などで国側の指定代理人を務める部署のトップということである。

D氏は控訴したが、東京高裁第一〇民事部（大段亨裁判長）は二〇一七年一月一九日、控訴を棄却した。同判決は確定している。

4　適法に在留もできず、出国もできない

東京入管は、あくまでもD氏を「一九七五年生まれのスリランカ人C」として取り扱っているから、D氏は、日本で適法に在留することはできない。また、D氏はC名義の旅券を所持していないから、東京入管が強制送還しようとしても、「一九七五年生まれのスリランカ人C」としては、日本から出国することができない。東京入管が、スリランカ大使館にC氏名義の旅券の発行を求めても、スリランカ政

府が、日本にいるＤ氏は「一九八二年生まれのスリランカ人Ｄ」であると認めており、Ｃ氏はスリランカにいると認識しているのだから、Ｄ氏に対してＣ名義の旅券を発行することはあり得ない。

入管は、誤った判断をしても、自らそれを改めないわけである。Ｄ氏の出身国であるスリランカ政府の判断に反してでも、自らの判断が正しいと主張する。裁判所も、入管の判断をそのまま認め、チェック機能が働いていない。これが今の日本の姿である。

＊

本件ではＤ氏が名前を明らかにして闘い、二年半の収容の末、二〇一九年一二月二六日、東日本入国管理センターから仮放免となった。

国賠訴訟を提起したが、二〇二〇年二月二五日の第五回口頭弁論期日において、裁判所が、原告尋問の申請の機会すら与えず審理を終結しようとしたので、その場で、裁判官に対する忌避申立てをしたところである。今、東京高裁で忌避についての審理が行われている。

6 現場から② 不法就労を助長したとして永住者が退去強制

1 不法就労と不法就労助長

日本に入国し、在留する外国人は、原則として入管法に定める何らかの在留資格を持っていなければならない。在留資格には、永住者や日本人の配偶者がいるといった「身分・地位」に基づく在留資格と、技術・人文知識・国際業務や留学のような「活動」に基づく在留資格がある。身分・地位に基づく在留資格の場合は就労についての制限はないが、活動に基づく在留資格の場合は許可された活動の範囲内でしか活動ができない（詳細は冒頭の講演録一～四ページを参照されたい）。

留学生は原則として就労はできないが、資格外活動許可を取れば、原則として週二八時間以内の就労ができる。なお、夏休み、春休み、冬休みには一日八時間まで就労できる。そして、風俗関係の業務に従事することは許されない。

こうした在留資格による活動制限に違反して就労すること（資格外活動）や、在留資格がないのに就労することを不法就労という。資格外活動には、一年以下の懲役もしくは禁固もしくは二〇〇万円以下の罰金が科せられる。資格外活動を「もっぱら行っていると明らかに認められる」場合は、退去強制の対象になり、また、三年以下の懲役もしくは禁固もしくは三〇〇万円以下の罰金が科せられる。外国人が、事業活動で不法就労をさせたり、教唆したり、幇助《ほうじょ》すると退去強制の対象になる。また、日本人でも外国人でも、事業活動で外国人に不法就労をさせると、三年以下の懲役もしくは三〇〇万円の罰金を科せられる。これらの行為を、「不法就労助長」という。

２　永住者が不法就労助長をしたとして退去強制になった事件

中国人女性Ａさんは、留学生として来日し、卒業後、日本の会社に就労し、後に永住資格を取得した。その後、Ａさんは、飲食店営業（パブ・スナック）の許可を得て、パブ・スナック店を経営していた。同店は、風俗営業の許可を得ていない。店には女性留学生をアルバイトとして三人雇用し、その三人は、時々、客席でグラスに酒を注ぎ、水割りをつくることはあったが、ソファで客の隣に座ることはなかった。店にはカラオケがあったので、手が空いた時に、自分たちで楽しむために中国語の歌を歌ったり、日本語の練習のために日本語の歌を歌うことがあった。男性客のたばこに火をつけることはなかったが、常連客である高齢の女性の一人がたばこの火をつけるよう求めてきたときに、それに応ずることもあった。

こうした行為が、風俗営業法における「風俗営業」の一つである「客の接待をして客に遊興又は飲食させる営業」にあたるとされ、留学生たちは風俗営業店で就労したとみなされて不法就労（資格外活動）とされ、一人は退去強制令書を発付されて帰国し、他の二人は自ら帰国した。そして、経営者のAさんも退去強制令書の発付を受けた。Aさんがこの処分を受けた時、来日して一七年が経過していた。

Aさんは、退去強制令書発付処分を不服として、その取消しを求める行政訴訟を東京地裁に提訴し、留学生に水割りをつくらせたのは飲食提供に通常伴う業務であり、カラオケは特定の客のために歌ったものではなく、原則として客のたばこに火をつけさせることもしていないので、「客の接待」をさせたとはいえないと主張したが、東京地裁はこれを認めず、退去強制令書発付処分を取り消さなかった。Aさんは控訴したが敗訴し、上告及び上告受理申立てもしたが、これも敗訴した。

Aさんの店が「風俗営業」にあたるかどうかは、判断が難しい。グレーゾーンなのだから、事前に入管か警察がAさんを呼んで事情を聴き、問題があると思えば、行政指導をすべきだったと思うが、そういうことは一切されていない。いきなり警察が摘発し、入管は退去強制手続きを開始し、Aさんは退去強制令書発付処分を受けた。その後、Aさんは入管に八か月間収容された。行政訴訟の敗訴確定後、Aさんはやむなく中国に帰国した。日本に入国してから二〇年が経過していた。

Aさんの店は、地元商店街で親しまれ、地域の人々の交流の場となっていた。アルバイトをしていた留学生たちは、少しでも時給の高い仕事をしたかっただけである。Aさんも留学生たちも、店で「客の接待」をしているとは認識しておらず、留学生が就労してはいけない「風俗営業」にあたるとは思っていなかった。こういうケースで、抜き打ちで摘発して、強制的に帰国させることにどういう意味があるのだろうか。

３　不法就労助長で強制送還される永住者たち

数年前から、入管は、理由は定かではないが、外国人の不法就労助長に対する取り締まりを強化した。不法滞在の外国人が減ったため、入管の業務が減る傾向にあるので、この分野の取り締まりを強化したのではないかという見方をする人もいるが、真偽は明らかではない。

外国人（永住者）の経営者が、在留カードをきちんと確認しないで外国人を雇用し、摘発後にその外国人が短期滞在などの就労できない在留資格だったことが判明し、経営者が強制送還された例もある。

また、飲食店を経営する外国人（永住者）が漫然と短期滞在の外国人を雇用していたのが摘発され、退去強制令書発付処分を受け、日本人の配偶者がいることを理由に在留特別許可を求めているという例もある。この例の場合は飲食店経営のために夫婦が別居していたことが問題になり、在留特別許可が出なかった。永住者が日本人の配偶者と別居していても何も問題はないが、在留特別許可の可否の判断では、夫婦関係の安定性・成熟性がないと判断されるのである。これも、おかしな話である。

日本人が不法就労助長をして警察に摘発されても、初犯の場合は起訴猶予になったり、罰金ですむ場合が多い。しかし、外国人が不法就労助長をして摘発されれば、初犯でも、ほぼ確実に退去強制令書の発付を受ける。入管の退去強制手続きに、起訴猶予に相当する柔軟な手続きは存在しないことになっている。

入管法に従った適正な在留管理が行われることを否定するものではないが、ここで述べてきたようなやり方が適切であるとは思えない。不法就労助長を理由として、できるだけ多くの退去強制令書を発付することに価値をみいだすのではなく、不法就労助長を行う外国人経営者が減るように、教育活動や行政指導に力を入れるべきではないだろうか。

7 現場から③　単身赴任が偽装結婚と見なされ、退去強制命令

1　仕事が休みの日だけ同居し、平日は別居していた夫婦の妻に退去強制命令

中国人の妻が、日本人の夫と仕事が休みの日だけ同居し、平日は別居していたことにより、偽装結婚と認定され退去強制を命じられたという事件がある。妻Aさんは、この退去強制命令は違法であるとして、取り消しを求めて提訴した。この事件について報告しよう。

二〇一三年一〇月一五日、原告Aさん（中国人女性、一九五三年生まれ）は夫（日本人、一九四七年生まれ）と日本で婚姻した。Aさんの在留資格は短期滞在だったので、一度中国に帰国した後、二〇一四年一一月一六日、在留資格「日本人の配偶者等」の上陸許可を受けて日本に入国した。

Aさんは、来日後夫が当時居住していた東京都新宿区のマンションで同居する予定だったが、数日間の同居の後、Aさんの長女が居住していた江東区のマンションで、長女とその長男（孫）と暫定的に同居することになった。理由は、孫の育児を手伝う必要があったことと、夫が姪と同居していたため、夫の家が手狭だったからである。夫の姪はアルコール依存症だったため、二〇一四年五月頃から、過剰な飲酒をしないように監視する必要があったので、夫が同居せざるを得なかったのである。

長女が二〇一五年七月に江東区から千葉県船橋市に転居したため、Aさんも同年九月に同所へ転居した。夫もその時に住民票を同所に移したが、勤務先が新宿であったことから、通勤が大変だという理由で、勤務のある日は新宿の家から出勤し、勤務が休みの日には船橋の自宅に戻っていた。いわば単身赴任的な形で二つの居住地を利用していたのである。

同年一一月三日、Aさんは、自宅にいるところを、偽装結婚という理由で、電磁的公正証書原本等不実記載罪（刑法一五七条一項）の被疑事実で万世橋警察署員に逮捕された。また、同日、夫は職場から新宿の家に連行され、そこで逮捕されたが、一一月二〇日にAさんと夫は釈放され、一二月二四日、不起訴処分となった。夫は、釈放後は船橋の自宅で原告と同居した（なお、夫の姪は一二月から生活保護を受給して別のアパートに引っ越したが、その後、肝硬変で入退院を繰り返し、二〇一六年九月一九日に死亡した）。

さらに、Aさんと夫の逮捕の約二週間後、長女も電磁的公正証書原本等不実記載罪の共犯の被疑事実で万世橋警察署員に逮捕され、孫は児童相談所に一時保護された。その後、長女も一一月二〇日に釈放された。

Aさんは、二〇一五年一〇月二三日に東京入管に在留期間更新申請をしていたが、二〇一六年一月一四日、同申請が不許可となった。このため、同日、在留資格を出国準備のための特定活動に変更したが、その在留期間終了後に、更に在留期間を更新したり在留資格を変更することは認められなかった。

結局、在留期間は二〇一六年二月一三日までのまま、出国することなく不法滞在となった。

Aさんは、二〇一六年三月七日、入管法違反（不法滞在）の被疑事実で万世橋警察署員に逮捕され、三月一八日、東京入管に移されて収容された後、事情聴取を受け、四月二六日に退去強制の判定を受けて東京入管の収容場に収容された。

なお、長女も、同年三月八日に入管法違反（不法滞在）の幇助の被疑事実で万世橋警察署員に逮捕され、孫は児童相談所に一時保護された。長女の勾留状は却下され、同月一〇日に釈放された。

Aさんが収容された後も、夫との婚姻関係は継続しており、夫は現在、Aさんの長女や孫とともに生活をしていることから、婚姻の真実性には疑いはない。

東京入管ではAさんの違反調査及び違反審査が行われ、四月五日、Aさんは、出入国管理及び難民認定法二四条四号ロ違反（在留期間が経過したとして強制退去の対象となる）の認定通知を受けた。四月二六日には、東京入管で口頭審理が行われ、Aさんはその後、同局特別審理官から、上記認定は誤りがない旨の判定を受けた。

これを受けて、Aさんは法務大臣に異議の申出をしたが、東京入国管理局長は、異議の申出には理由がない旨の裁決をし、五月一三日、同局主任審査官はこれをAさんに通知し、退去強制令書を発付してAさんを東京入管に引き続き収容した。その後八月二三日にはAさんは茨城県牛久市の東日本入国管理センターに移され、引き続き収容された。

こうした経緯を経て一〇月二六日、Ａさんは、退去強制令書発付処分等の取り消しを求めて、東京地裁に提訴した。

その後一二月二〇日、仮放免された。入管での収容は九か月を超えていた。

2　夫婦の同居は婚姻の真実性の絶対的要件か?

入管は、夫婦の同居を婚姻の真実性の絶対的な要件だと判断しているが、これは、現代社会の実情に全く合わない。仕事の都合で単身赴任せざるを得ない夫婦は多い。夫婦の一方が外国人の場合にだけ、その婚姻の真実性を否定して偽装結婚として扱うというのは、全く合理性のない判断である。まして、本件は、平日は別の家に住んでいたが、土日は一緒に暮らしていたケースである。なぜ、これを偽装結婚と断定できるのだろうか。

もっとも、本件の場合、夫と姪が同居していたという事実が偽装結婚の疑いを招いたということもあるのかもしれない。しかし、原告と夫との関係、夫の年齢、姪の病状などを調査すれば、偽装結婚ではないことは容易に判明したはずである。

このような誤った判断のもとで在留資格の更新がされなかったＡさんを、不法滞在を理由に、日本人の夫がいるという事実を無視して退去強制とした判断は明らかに誤っている。

また、原告の長女を、母である原告と暮らしていただけで、原告の共犯として二回も逮捕した警察も異常である。シングルマザーとして、当時一歳の子どもを養育していた長女は、子どもと引き裂かれて逮捕され、子どもは児童相談所に保護されたのである。こんなことが、なぜ、許されるのであろうか。

この事件は、二〇一八年六月二一日、東京地裁（清水知恵子裁判長）がＡさんの強制退去取り消しを命じる判決を下し、Ａさんの主張が認められた。判決は丁寧に事実を認定し、原告と夫の婚姻関係は「婚姻の本質に適合する実質を備えていたものと認めるのが相当」とした。被告である国は控訴せず、判決が確定した。Ａさんは在留特別許可を得て、家族で幸せに暮らしている（詳細は https://www.ak-law.org/news/2367 及び https://www.asahi.com/articles/ASL6P56MSL6PUTIL03M.html 参照）。

8 現場から④ チャーター機による一斉強制送還

1 強制送還の実際

通常、強制送還は一人ずつ個別に行われる。強制送還というと、国の費用で送還されるというイメージが強いと思うが、実際には、被送還者が自ら帰国費用を負担する場合が多い。入管は、国費による送還をできるだけ避けるため、退去強制の対象者に対し、自費で帰国するように説得する。入管は、これに応じない者を「送還忌避者」と呼んでいる。

送還忌避者は、原則として収容施設に収容されるが、収容が長期間に及ぶと仮放免される。その後、再び収容されたりするので、これに耐えられない者は、自分で帰国費用を負担して帰国するのである。しかし、どんなに長期にわたり収容されても、仮放免後に再収容されても、日本に家族がいたり、本国で迫害を受ける可能性があるなどの理由でどうしても帰国できない者もいる。こういう者の一部が、国費により無理やりに送還されるのである。退去強制の対象者たちは、これを「無理やり送還」と呼んで恐れている。

だが、入管は、すべての送還忌避者に対して「無理やり送還」を行うとは考えていないようである。それは予算上の問題があるのと、長期間にわたり送還に応じない者にはそれぞれの事情があり、「無理やり」に送還をすると人道上の理由から入管が非難されることを恐れているのだ。長期収容や再収容で圧力をかけて本人が自費で帰国したとしても、問題は何も変わらないのだが、入管が非難されることはなくなると思っているのだ。

入管が「無理やり送還」を行うのは、直接、送還忌避者の数を減らすためではなく、送還忌避者全体に対して、「自費帰国を拒否して長期間の収容や再収容に耐えても、結局、無理やり送還をされるのだから、頑張ってもムダだ。早く自費帰国を受け入れて帰国したほうがいい」というメッセージを送るためである。つまり、みせしめである。

しかし、入管の思惑に反して、いくら「無理やり送還」を行っても、送還忌避者は減らず、増え続けている。しかも、「無理やり送還」には費用がかかり、護送のための人員もかかる。そこで入管が始めたのは、チャーター機による一斉強制送還という方法である。

二〇一二年一二月一九日の毎日新聞の記事によると、個別の送還では送還拒否者が機内で大声を出すなどして送還が中止になることがあるうえ、被送還者一人に対し二人から五人の入管職員が付き添うためコストが高いが、法務省は、チャーター機による送還は「コスト、安全の両面で一石二鳥の方法」だと考えているとのことである。

2　チャーター機による一斉強制送還

二〇一三年七月以降（二〇二〇年三月現在）、入国管理局は、八回にわたり、チャーターした飛行機で計三三九人の外国人を強制送還している。行き先は、フィリピン（第一回）、タイ（第二回・第六回）、スリランカ（第三回・第五回・第八回）、ベトナム（第三回・第七回）、バングラデシュ（第四回）で、対象者は、フィリピン人（第一回：七五人）、タイ人（第二回：四六人、第六回：三二人）、スリランカ人（第三回：二六人、第五回：三〇人、第八回：四四人）、ベトナム人（第三回：六人、第六回：一〇人、第七回：四七人）、バングラデシュ人（第四回：二二人）、アフガニスタン人（第六回：一人）だった。各回の送還には、六〇人から七〇人の入管職員などが同行している。

一回目の送還対象者の人数は七五人だったが、二回目は四六人、三回目は三二人、四回目は二二人と減少していき、五回目は三〇人、六回目四三人、七回目四七人、八回目四四人となっている。六回目はチャーター機の行き先がタイなのに、ベトナム人一〇人とアフガニスタン人一人を加えることによって、四三人を確保している。おそらく入管は、もっと多くの者を送還するつもりだったのだろうが、送還対象者の数を確保することができなかったのである。一回あたりの送還人数が約四二人であるから、一回で一〇〇人を送還するという当初の目標には全く達しておらず、コストが安いとはいえない状況である。一回に四〇人程度の一斉送還を繰り返しても、約四三〇〇人いる送還忌避者の数（二〇一八年六月現在）は大きく減らないし、増加傾向に歯止めをかけることもできないだろう。

しかも、チャーター機送還の対象者には、実は送還忌避者以外の者も含まれている。自費で帰国する意志を表示している者もこの数に入っているのである。これは、できるだけチャーター機による送還者の数を増やして、「実績」を誇示することと、一人あたりにかかる費用の金額を少なくみせることに狙いがあると思われる。

何よりも問題なのは、チャーター機送還では、数を集めるために強制送還すべきでない送還忌避者を送還していることである。その中には、日本人や永住者と婚姻して、日本でともに暮らしていた人がいる。夫婦の間に子どもがいて、育てていた人もいる。また、難民申請をして難民不認定処分を受け、異議を申し立てていた人もいる。難民申請中の者は、異議申し立て中も含めて、法律上、強制送還ができない。そこで入管は、異議の棄却を伝えた直後にチャーター機で強制送還したのである。法務省は、チャーター機送還後の記者会見で、「送還者の中には、難民申請中の人はいない」と説明している。これは、ウソではないが、極めて不十分な説明である。

難民の異議の棄却通知を受けた者は、六か月以内に難民不認定処分の取消訴訟が提起できるが、強制送還によって訴訟はできなくなった。これは、憲法三二条で保障された裁判を受ける権利の侵害である。

3　難民申請者の裁判を受ける権利の侵害

二〇一四年一二月一八日に、第三回目のチャーター機で送還されたスリランカ人男性Aさんの例を紹介しよう。

Aさんは、スリランカで一九八七年頃から左派政党員として活動し、対立組織から暴行・脅迫を受けるなどして、スリランカ国内を転々とする生活を送った後、身の危険を感じて一九九九年に来日した。Aさんは、二〇一一年に難民申請を行ったが、「迫害のおそれがない」などの理由で難民不認定処分となったので、異議を申し立てた。Aさんには退去強制令書が発付されていたが、仮放免されており、仮放免の延長手続きのために東京入管に定期的に出頭していた。

二〇一四年一二月一七日、Aさんが仮放免延長のために東京入管に出頭すると、入管職員から、仮放免延長の不許可と、難民不認定処分の異議申立ての棄却が通知された。その際、六か月以内に難民不認定処分取消訴訟を行うことができることも告げられた。しかし、別の職員から「明日、強制送還する」旨伝えられたAさんは、泣きながら「殺される」「危ない」「弁護士呼んで」と繰り返し叫んだ。

入管から、自分の携帯電話で弁護士に電話をかけることを許され、依頼している弁護士の携帯電話に電話をかけたがつながらず、三〇分後にAさんの携帯電話は取り上げられた。弁護士が携帯電話にAさんからの着信があることに気づいて、架電から四〇分以内にかけ直したが、つながらなかった。そこで弁護士は、Aさんが東京入管に収容されたのではないかと考えて、同日中に東京入管に駆けつけて面会を求めたが、Aさんの所在は確認できず、面会はできなかった。

そして、Aさんは、翌一八日に、チャーター機で強制送還されたのである。

二〇一七年一〇月一九日、Aさんは、裁判を受ける権利を侵害されたとして、国に対して五〇〇万円の損害賠償を求める裁判を提起した。私も、弁護団の一員である。

弁護団は日弁連に権救済申し立てを行い、これに対して、二〇一九年九月二四日、日弁連は、非正規滞在者の裁判を受ける権利を侵害する強制送還や、家族に対する恣意的な干渉の禁止に違反する態様での強制送還をしないよう警告した（詳細は https://www.nichibenren.or.jp/document/newspaper/year/2019/550.html 及び https://www.nichibenren.or.jp/document/complaint/year/2019/190924.html 参照）。

裁判は、二〇二〇年二月二七日の一審判決は敗訴であった。裁判所が裁判を受ける権利を踏みにじったのだ。これは、司法権の自己否定であり、裁判所の自殺行為と考える。この判決直後の二〇二〇年三月一〇日、入管はスリランカ人四四名を、チャーター機で強制送還した。法務省の発表によると、送還されたのは二〇～六〇歳代の四四名（うち女性三名）で、約四〇〇〇万円の経費がかかったという。入管は、判決を受けて、チャーター機送還に司法のお墨付きを得たと考えたのであろうか。しかし、原告は控訴し、東京高裁を舞台に闘いは続いている。

9 現場から⑤　劣悪な被収容者の医療環境

1　速やかに診療を受けることができない

収容が長期化すれば、ほとんどの被収容者はストレスなどで病気にかかる。もともと持病を持っている人もいる。ところが、入管では速やかに診療を受ける機会が保障されていない。被収容者が診療を受けるためには、被収容者申出書（願箋）という書類を書いて「診療申出」をしなければならない。しかも、これを出しても、なかなか診療は受けられない。何週間も待たされることも珍しくないのである。

被収容者が高血圧で昏倒《こんとう》し、意識を失ったので、同室の被収容者たちが、入管職員に「早く医者に診せてください」と頼んだところ、「診療願を書かないと診せられない」と述べた。本人は気絶していて、診療願を書くのは不可能なのに、である。同室の被収容者が、「私が代わりに書くから、早く医者に診せて」と頼むと、「診療願は本人が書かないと受け取れない」といったそうだ。その後、この被収容者は別室に移されたが、医師の診療は受けられなかった。診療願の届出が受け付けられたのは翌日で、医師の診療が受けられたのは昏倒から六日後であった。

入管に医師がいるのは平日の昼間だけである。平日の夜間や土日、祝日にはいない。医師のいない時間帯に病気が悪化し、緊急の対処を求めても、入管の職員は何も対応しないことが多い。私の依頼者の被収容者が、土曜日に持病が悪化し、職員に訴えても対応してくれないため、私の事務所に電話をして助けを求めてきた。命の危険もあると判断して、私は入管のある地域を管轄する消防署に電話して救急車を呼んだ。消防署は入管に救急車を派遣してくれたが、入管は救急車に対して「対応できない」といって追い返してしまった。

入管は、被収容者に速やかに診療を受けさせることができないのは常勤医の確保が困難だからと説明している。それも一つの理由だろうが、根本的な理由は、入管が被収容者を人間として扱っていないこと、被収容者の人権を認めていないことだ。被収容者は、他のすべての人と同じように医療を受ける権利がある。これを保障できないなら、入管は人を収容する資格がない。すぐにすべての被収容者の拘束を解き、仮放免すべきである。

２　外部の医療機関で診療を受けることができない

入管には医師が交代で勤務しているが、それぞれの医師には特定の専門があり、すべての病気に対応できるわけではない。また、入管内の診療機器や薬剤なども限られている。入管内で対応できる病気は極めて限定されているのである。したがって、入管内の医療では十分な治療ができない場合、速やかに外部の医療機関で診療を受ける機会を被収容者に与えなければならない。

しかし、入管は、被収容者に外部の医療機関で診療を受けさせることについて、極めて消極的だ。外部の医療機関で診療を受けるまでに何か月もかかることが多く、拒否されることも少なくない。火傷（やけど）の後遺症で首や腕が動きにくくなってしまっている被収容者について、外部の医師が面会し、治療のために整形外科、形成外科の受診が必要という意見書を提出しているのに、入管内の皮膚科の治療だけで十分であるとして、外部の医療機関の診療を拒否しているケースもある。

医療費を被収容者が負担するなら外部の医療機関の診療を認めるというケースもあるが、この場合、経済力がない被収容者は治療を断念せざるを得ない。さらに、「医療費を自分で負担する」と申し出ても、外部の医療機関の診療は拒否されるケースも多い。

ある医師の意見によると、「入管は、強制送還をするために必要最低限の診療だけを行うという姿勢である。これは本来の医療とは大きくかけ離れたものだから、常勤医の確保が困難になる」とのことである。私もそのとおりだと思う。

二〇一四年一一月七日、日弁連は、入管収容施設における医療問題に関する人権救済申立事件において、法務大臣に対して、「東京入国管理局及び東日本センターは、申立人らに対し、社会一般の水準と同様の水準の医療の提供を怠り、そのような医療へアクセスすることを阻害したのみならず、医療を受けようとする同人の意思の尊重という医療上の自己決定権をも損なったものであり、同人らの医療を受ける権利を侵害した」として、今後の侵害の防止について適切な処理をとることを求める勧告を出している（http://www.nichibenren.or.jp/activity/document/complaint/year/2014/141107.html）。これに対して、法務大臣、東日本入管センター及び東京入管は、「貴会が人権侵害と指摘するような対応がとられた事実はなく、また、改善を求められている事項についても、従来から両施設において既に実施している事項」であると回答している。

3　あいつぐ被収容者の死亡。原因は医療拒否か？

・二〇一三年一〇月一四日：ロヒンギャ難民男性死亡（東京入管）
・二〇一四年三月二九日：イラン人男性死亡（東日本入管センター）
・二〇一四年三月三〇日：カメルーン人男性死亡（東日本入管センター）
・二〇一四年一一月二二日：スリランカ人男性死亡（東京入管）
・二〇一七年三月二五日：ベトナム人男性死亡（東日本入管センター）

このように、二〇一三年一〇月から二〇一七年三月の間に、東京入管と東日本入管センターに収容中の五人の外国人が死亡しており、当事者団体である仮放免者の会は、これは入管の医療拒否にもとづくものだと指摘している（二〇一五年三月一一日「なぜ入管の収容施設で死亡事件があいつぐのか？――医療処遇について仮放免者の会の見解」http://prajprajblogspot.jp/2015/03/blog-post.html）。

また、仮放免者の会によると、二〇一七年三月の東日本入国管理センターでのベトナム人男性の死亡事件では、死亡した男性は、「痛い、痛い」と繰り返し叫んでいたのに、入管職員が「ウソ病気」と発言し、「静かにしろ」と述べて、放置していたということである（「『痛い、痛い』と訴えるも放置――東日本入管センターでベトナム人被収容者が死亡」http://praj-praj.blogspot.jp/2017/03/blog-post.html）。

日弁連は、このベトナム人死亡事件について、同年四月一二日、「東日本入国管理センターにおける被収容者の死亡事件に関する会長声明」を出し、「法務省入国管理局は、今回の事件について、通院・入院等のために仮放免を行うべきでなかったか、医療措置や容態観察に問題がなかったか、処遇改善の方針は活かされていたのか等について、入国者収容所等視察委員会など第三者機関により徹底的かつ迅速な調査を実施し、その調査結果を公表した上で、具体的かつ実効的な再発防止の措置を速やかに講じるべきである。」と求めている（https://www.nichibenren.or.jp/activity/document/statement/year/2017/170412_2.html）。

10 被収容者・仮放免者はどう闘ってきたか

1 「長期収容で帰国を促す」という入管の方針

二〇〇九年七月、三年後に「外国人登録証明書」を廃止し、「在留カード」を導入するとした改定入管法が成立した。外国人登録証明書は在留資格のない外国人も対象にしていたが、在留カードは在留資格のない外国人を対象としていない。在留資格のない外国人は、「存在しないはずの外国人」になるのである。

この改定入管法成立を受けて、森英介法務大臣は記者会見をし、次のように述べた。

「平成二一年一月一日現在で約一三万人いると推測されます不法滞在者について、効率的な摘発を行うとともに、不法滞在者の自発的な出頭を促し、個々の事案に応じて、退去強制すべきものは退去強制し、在留特別許可を認めるべきものは認めることとし、その更なる減少に努めてまいりたい」、さらに「三年後の施行に向けて円滑な制度移行に取り組んでいくことが重要であり」「特に約一三万人の不法滞在者を極力減らしていくことが最も重要な点と考えています。」

一九九三年に約三〇万人いた「不法滞在者」は、当時、約一三万人まで減少していたが、これを「極力減らしていくことが最も重要な点」として、「退去強制すべきものは退去強制し、在留特別許可を認めるべきものは認める」という方針を打ち出したのである。

その後、入国管理局における収容期間は長期化し、仮放免者の再収容の数が増え、逆に、在留特別許可の数は減少していく。入管は、在留特別許可を積極的に認めるのではなく、退去強制の数を増やすことによって不法残留者を減らすという方針をとり、退去強制を受けても自らの費用で帰国しようとしない外国人（送還忌避者）に対して、収容期間の長期化と、一度仮放免された者を再収容することによって、自費で帰国せざるを得ない状況に追い込んでいこうとしたのである。

長期収容や再収容されても帰国を受け入れない「送還忌避者」の意思を挫《くじ》くために、本人の意思に反した国費による送還も強行された（本章[8]参照）。「自費による送還を拒否しても、無理やりに国費で送還されるのだから、頑張っても無駄だ」という諦めを植えつけるための国費による強制送還である。

しかし、実際には、「送還忌避者」は減らなかった。退去強制令書を発付された仮放免者（「退令仮放免者」という。退令仮放免者の多くは送還忌避者である）は、二〇〇八年末には一二八九人だったが、二〇〇九年末には一三三六人、二〇一〇年末には一六一八人に増加している。「送還忌避者」の多くは、日本人や永住者と結婚した者（結婚しても子どもがいなければ在留特別許可は下りにくい。本章[3]参照）、長期間日本に滞在している者、難民申請者などである。彼ら、彼女らは、長期収容されても、再収容されても、それぞれの事情により帰国することができないのである。

2　被収容者によるハンガーストライキ

収容の長期化で被収容者は健康状態が悪くなり、多くの者が何らかの疾病に罹患した。二〇一〇年二月には東日本入管センター（茨城県）で日系ブラジル人が自殺し、同年四月には同センターで韓国人が自殺した。また、同年三月には、東京入管横浜支局に収容されていたガーナ人男性が本人の意思に反して国費で強制送還される途中に、搭乗した飛行機内で入管職員に手錠、タオルなどで制圧された後に動かなくなり、搬送先の成田空港内の病院で亡くなった（本件については、遺族が国に対して損害賠償請求を求める訴訟を提起し、一審では約二五〇〇万円の支払いを命ずる判決が出されたが、控訴審で逆転して遺族が敗訴し、最高裁もこの結論を認めた）。

このような状況に対して、被収容者たちが自ら闘いを起こした。西日本入管センター（大阪府）では、二〇一〇年三月八日から男性被収容者七三人が、二週間に及ぶハンガーストライキを行った。ハンスト参加者は「このままでは死ぬか倒れるかしないと、ここから出られない」「だったらここで死んでもいいからハンストを続ける」という意思を表明した。

このハンストは国内外のマスコミで報道され、国会の法務委員会でも取り上げられ、入管の長期収容に対して社会的批判が巻き起こった。入管は、長期収容者を次々と仮放免するようになり、また、仮放免保証金も減額された。
このハンストの成果が、東日本入国管理センターの被収容者に伝わり、同年五月に同センターでも大規模なハンガーストライキが行われた。そして、同センターでも、次々と仮放免が出され、仮放免保証金も減額された。

3　入管の方針が破綻。一方、「仮放免者の会」結成

二〇一〇年七月三〇日、入管は次のプレスリリースを公表した。

「退去強制令書により収容する者の仮放免に関する検証等について
法務省では、退去強制令書が発付されてから相当の期間収容が継続している被収容者について、今後、一定期間ごとにその仮放免の必要性、相当性を検証・検討し、個々の事情に応じて仮放免を弾力的に活用しつつ、より一層適正な退去強制手続の実施に努めていくこととしました。」

これは、二つの入管センターにおけるハンストと、これを契機とする社会的批判に対する入管の意思表示である。長期収容により、「送還忌避者」を帰国に追い込むという入管の方針は破綻した。
ハンストに参加し、仮放免された者たちが中心になり、二〇一〇年九月に関西で、同年一〇月に関東

で、二〇一一年九月に東海で、仮放免者自身による組織「仮放免者の会」が結成された（同会の会員数は、二〇一九年現在、約五〇〇名）。

仮放免者の会が当面の目標としたのは、長期収容反対、再収容阻止の二点である。長期収容がやりにくくなった入管は、仮放免後に再収容をするという方針をとったので、再収容阻止はより重要な課題になった。

二〇一一年二月には、仮放免者の会主催で、品川駅前から東京入管まで、入管に対して再収容の中止を要求する仮放免者自身によるデモ行進が行われ、多数の仮放免者が参加した。いつ入管から仮放免を取り消され、再収容されるかもしれない仮放免者たちが大規模なデモを行うことは前代未聞の出来事であった。これに呼応して、被収容者たちはハンストを行い、入管に対して要求書を提出した。

同年四月には、長期収容と再収容に反対する全国一斉統一面会が行われ、八つの支援団体の呼びかけで、東日本・西日本・大村の三つの入管センターと東京・名古屋・大阪の三地方局、横浜の一支局に対し、申し入れと一斉面会が行われた。

また、同月、名古屋入管での再収容者によるハンストが行われ、それに呼応した一斉面会と抗議行動が行われ、関西からも仮放免者が応援に駆け付けた。その結果、名古屋入管に再収容された難民申請者全員が仮放免された。

4　在留特別許可が減り、送還忌避者が増えた

二〇〇九年七月、森英介法務大臣（当時）は不法滞在者を減少させると宣言し、当時、約一三万人いたといわれる不法滞在者は、二〇一九年七月一日現在、約七万九〇〇〇人に減少した（法務省入国管理局の調査）。一九九三年には不法残留者が約三〇万人いたことを考えると、法務大臣の宣言は成功しているようにみえる。

しかし、入管が「送還忌避者」と呼ぶ、退去強制を受けても自らの費用で帰国しようとしない外国人は減っておらず、増え続けている。入管施設に収容されている外国人数は二〇一二年末には一〇二八人だったが、二〇一六年末には一三八二人に増えている。退去強制令書が発付されている仮放免者（退令仮放免者）は一九九八年末には九一人だったが、二〇一五年末には三六〇六人に増え、二〇一八年六月末には二七九六人になっている。二〇一八年六月末の被収容者と退令仮放免者を合わせると、四二九〇人である。

「仮放免者の会」は、日本人や永住者などの家族とともに暮らす仮放免者、長期滞在者、日本での治療を必要とする病者など、人道上、日本での在留を認めるべきと考えられるケースについて、積極的に在留特別許可を出すことを入管に求めているが、在留特別許可の数は年々減っている。二〇〇八年に八五二二人だった在留特別許可の数は、二〇一七年には一二五五人、二〇一八年には一三七〇人になっている。帰国する者は少ないままで、在留特別許可を受ける者も少ないのだから、当然、仮放免者を含め

た送還忌避者は増え続けるばかりである。

5　出すべき人には在留特別許可を！

二〇一二年三月に強制送還の途中でガーナ人男性が死亡した事件以降、しばらくの間、入管は本人の意思に反した強制送還を行うことができなかった。しかし、同年一一月三〇日、滝実法務大臣（当時）は記者会見で、この事件の調査結果として、「入管職員による制圧行為、戒具使用、救護措置は適法であり、男性の死亡と入管の行為に因果関係はない」と報告し、二〇一三年一月から、再び強制送還を再開した。

さらに入管は、チャーターした飛行機に多数の送還忌避者を乗せて、一斉に強制送還を行うという手法も打ち出した（本章⑧で詳述）。

こうした中、入管の政策に歯止めをかけているのは、仮放免者と被収容者たちの闘いである。二〇一〇年のハンストをきっかけに結成された仮放免者の会は、長期収容と再収容の停止と在留特別許可を出すべき人に出すよう入管に対して要求して、継続的に入管との交渉やデモ行進を行っている。こうした運動の中で、仮放免者と被収容者の中で強い団結が生まれ、入管の非人道的で理不尽なやり方に対しては抵抗するという機運が高まっている。また、仮放免者と被収容者たちの声が、少しずつではあるがメディアでも取り上げられるようになってきた。こういう動きが、入管の政策の実現を阻んでいるのである。

日本が人権と人道を重視する国であるなら、入管が進むべき方向は一つである。それは、在留特別許可を出すべき人には出す、という方向だ。これをしないで強権的な対処をしても、逆に送還忌避者は増え続けている。

このような入管行政が許されてきたのは、入管行政が社会的批判にさらされてこなかったことが大きい。在留資格や入管の制度は複雑で、一般には理解しにくく、入管がどういう政策を遂行し、その結果、在留資格がない外国人がどのような状況に置かれているかということは、以前よりは増えたとはいえ、あまり報道されない。その結果、入管行政は、他の行政分野と比べて、三〇年程度改革が後れているのではないかと思われる。

本書により、時代錯誤の非人道的で人権を顧みない政策が改革されることなく行われていることが多くの方に伝わり、考えるきっかけになれば幸いである。

あとがき

「時の法令」連載終了後も様々な動きがあった。

まず、「外国人労働者」をめぐっては、以下のようなことがあった。

二〇一九年四月から、改定入管法に基づく特定技能一号の受け入れが始まったが、同年末の段階で、特定技能一号の在留外国人数は一六二一人だった。政府は制度開始から五年間で最大約三四万五〇〇〇人、初年度で最大四万人程度を見込んでいたというから、極めて少ない数字である。これに対して、技能実習生は、二〇一八年一〇月末の約三一万人から二〇一九年一〇月末には三八万人に増加した。

この状況に経済界は危機感を示しており、日本経済新聞が社説で、技能実習制度を廃止し、特定技能制度に一本化することを訴え、経済同友会も技能実習制度廃止を検討すべきとしている。私も出演した二〇二〇年三月一日のNHKスペシャルの討論番組では、規制改革会議委員で、第七次出入国管理政策懇談会委員でもある経済学者の高橋進氏も、技能実習制度を将来廃止すべきであると述べていた。これに対して私は、即時に廃止すべきこと、特定技能を含む外国人労働者受け入れについてはブローカーによる中間搾取を規制すべきであることを述べた。

特定技能一号の受け入れがうまくいかないことについて、法務省及び出入国在留管理庁も危機感を持っているようである。二〇二〇年一月三〇日、第七次出入国管理政策懇談会の第一九回会合が開催され、韓国の雇用許可制について専門家からヒアリングを行い、議論を行った。これは、法務省が、特定技能制度に基づく受け入れを適切に行うためには、送り出し国の人材ブローカーに頼るのではなく、韓国の雇用許可制のように二国間協定に基づき、両国政府が求人・求職を行う必要があることに気づいたからではないかと思われる。

技能実習制度の廃止と特定技能制度の改革という動きが進みつつある中で、私のところには多くの外国人労働者からの相談が相次いでいる。二〇一九年にはベトナム人技能実習生が同意なく除染労働に従事させられた事件や、フィリピン人留学生が退学に追い込まれ、帰国させられそうになった事件で提訴した。二〇二〇年になって、フィリピン人労働者が使用者に預けた旅券や卒業証書を返還してもらえないという事件でも提訴した。

社会における変化も起きている。供給元などのサプライチェーンで外国人労働者への人権侵害が行われると、供給先の大企業の社会的責任が問われることが社会的に認知されつつあり、このような問題意識からの報道が増えている。

これに対して、「入管問題」では、絶望的に悪い状況が続いている。非正規滞在者の収容期間はさらに長期化し、三年以上の収容は珍しくなくなった。これに対して、被収容者によるハンガーストライキが勃発し、二〇一九年六月には大村入管で、ハンガーストライキによる餓死者がでた。その後入管は、ハンスト者を二週間だけ仮放免して、再び収容することを繰り返している。一時的な希望を与え、その希望を二週間後に奪うことは、被収容者の心を蝕《むしば》み、多くの者が重い精神疾患に苦しみ、衝動的な自殺未遂を繰り返している人もいる。人間から希望を奪うのは、魂への殺人行為である。こういうことが、現代の日本で行われているのだ。

二〇一九年一〇月から、法務大臣の諮問機関として「収容・送還専門部会」が始まり、送還忌避罪の創設と難民申請者の強制送還を可能にする制度の実現に向けて検討が行われている。一方、収容期間に限度を定めることや、収容手続きについて裁判所による審査を必要とする制度の可否もテーマとされているが、これが実現する可能性は極めて低い。

入管問題については、本当に光がみえない状況が続いている。しかし、実は、収容・送還政策が失敗し、追い詰められているのは入管である。追い詰められながら、失敗を認めず、更なる過ちを犯そうとしているのである。

このような状況の中で、二〇一九年三月末、入管職員であった木下洋一氏が退官し、在留資格問題について外国人の人権保障の観点から発言を始めた。私も仲間の弁護士とともに、有志で「収容・送還専門問題を考える会」を立ち上げ、メディアや国会議員を対象に定期的な勉強会を開催し、情報発信を始めた。こういう地道な取り組みが、いつの日か社会を動かすことを、私は信じている。

外国人労働者受け入れ問題と入管問題。この二つの問題は、コインの表と裏である。前者は今、改革の方向にあり、予断は許さないものの、次のステージへ移りつつあるように思えるが、後者は光が見えず、最悪の状況へと動きそうな気配すらある。入管は、多くの外国人を受け入れるのだから、そのために問題が起こらないように、在留管理を強化するという。これは、外国人を〝他所者《よそもの》〟とみて、問題を起こす存在だから管理しなければならないという発想に基づいている。しかし、求められるのは、外国人を〝人〟としてみること、私たちの仲間としてみる視点である。これが多文化共生の原点だ。

先日、ある記者から「民間ブローカーが排除されると、日本に来る外国人労働者がいなくなるのではないか？」と質問を受けた。確かにそうだ。私は中間搾取をなくすシステムとして、韓国の雇用許可制をモデルとした二国間協定によるハローワークのような制度を提唱している。しかし、それだけではブローカーほど多くの外国人労働者を呼び込めるとは思えない。そうなれば少子化の進む日本で、外国人労働者が減少し、多くの産業で人手不足になり、日本社会にとっても由々しき事態となるだろう。

だからこそ、本気で多文化共生政策を進めるしかない。外国人が働きやすく、安心して暮らせる社会にすること。その前提として、非正規滞在者を含めた外国人の人権を保障すること。これを行わなければ、日本に外国人労働者は来てくれなくなる。そういう危機意識を日本の国家も社会も企業もそして市民も持つべきではないのか。

二〇二〇年三月一〇日

指宿　昭一

【著者紹介】
指宿昭一（いぶすき　しょういち）
弁護士。日本労働弁護団常任幹事、外国人技能実習生問題弁護士連絡会共同代表、外国人労働者弁護団代表。
労働事件・外国人事件に専門化した弁護士業務を行う。外国人研修生の労働者性を初めて認めた三和サービス事件地裁・高裁判決、精神疾患に罹患した労働者の解雇を無効とした日本ヒューレット・パッカード事件最高裁判決、「残業代ゼロ」とするタクシーの賃金制度の下で残業代請求を認めた国際自動車事件最高裁判決などで勝訴

共著に『外国人研修生　時給300円の労働者２―使い捨てを許さない社会へ―』（外国人研修生権利ネットワーク編・明石書店）、『会社で起きている事の７割は法律違反』（朝日新聞「働く人の法律相談」弁護士チーム著、共著、朝日新聞出版、2014年）、『外国人技能実習生法的支援マニュアル　今後の外国人労働者受入れ制度と人権侵害の回復』（外国人技能実習生問題弁護士連絡会編、共著、明石書店、2018年）ほか

グリームブックス（Gleam Books）
著者から受け取った機知や希望の“gleam《ひらめき》”を、読者が深い思考につなげ“gleam《かがやき》”を発見する。そんな循環がこのシリーズから生まれるよう願って名付けました。

使い捨て外国人
―人権なき移民国家、日本―

2020年４月15日　発行
2021年１月10日　２刷

価格は表紙カバーに表示してあります。

著　者　　指宿　昭一

発　行　㈱　朝　陽　会　〒340-0003　埼玉県草加市稲荷2-2-7
電話（出版）　048（951）2879
http:www.choyokai.co.jp/

編集協力　㈲　雅　粒　社　〒181-0002　東京都三鷹市牟礼1-6-5-105
電話　0422（24）9694

ISBN 978-4-903059-59-4
C 0036　¥1000 E

落丁・乱丁はお取り替えいたします。